本成果系临沂大学沂蒙精神研究专项重点项目——『沂蒙精神融入高校生命教育的体系构建研究』（课题批号：21LDYMZ2）的阶段性研究成果

沂蒙精神融入高校
生命教育研究

周莹 张光远 孟军 著

九州出版社
JIUZHOUPRESS

图书在版编目（ＣＩＰ）数据

沂蒙精神融入高校生命教育研究 / 周莹，张光远，
孟军著. -- 北京：九州出版社，2023.1
 ISBN 978-7-5225-1579-3

Ⅰ．①沂… Ⅱ．①周… ②张… ③孟… Ⅲ．①高等学
校－思想政治教育－研究－中国 Ⅳ．①G641

中国版本图书馆CIP数据核字(2022)第231141号

沂蒙精神融入高校生命教育研究

作　　者	周　莹　张光远　孟　军　著
责任编辑	姬登杰
出版发行	九州出版社
地　　址	北京市西城区阜外大街甲35号（100037）
发行电话	(010)68992190/3/5/6
网　　址	www.jiuzhoupress.com
印　　刷	山东海印德印刷有限公司
开　　本	710毫米×1000毫米　　16开
印　　张	11.75
字　　数	167千字
版　　次	2023年8月第1版
印　　次	2023年8月第1次印刷
书　　号	ISBN 978-7-5225-1579-3
定　　价	58.00元

前　言

习近平总书记 2013 年视察临沂时指出，"沂蒙精神与延安精神、井冈山精神、西柏坡精神一样，是党和国家的宝贵精神财富，要不断结合新的时代条件发扬光大"。"水乳交融、生死与共"这一世代传承的红色基因应融入高校大学生生命整全的教育。2010 年，中共中央、国务院颁布的《国家中长期教育改革和发展规划纲要（2010—2020 年）》明确提出重视生命教育。我国多地先后结合本地实际开展生命教育专项实践，这对于实现"立德树人"的根本任务有重要的理论和实践意义。高校生命教育研究中，鲜有浸润宝贵沂蒙红色文化资源的生命教育内容建构的研究。高校学生正是价值观养成的重要阶段，需要"扣好人生第一颗纽扣"，将沂蒙精神贯穿生命教育的课程设计更显示出了时代性。"不忘初心、牢记使命"，构筑扎根沂蒙大地的生命教育体系，培养具有沂蒙精神特质的学子，继承红色文化基因必要而迫切。

不忘初心，方能行远。底蕴深厚的区域文化尤其是红色文化应是新时代高校大学生不可或缺的精神财富和文化宝藏，这是赋予高校生命教育灵魂的体现。在生命教育的思路设计方面，生命教育的身心认知领域、技能实践领域、伦理价值观领域三大领域，皆与"爱党爱军、开拓奋进、艰苦创业、无私奉献"的沂蒙精神相契合，但高校生命教育中融入地方区域文化的力度不够。高校生命教育研究是回答如何设计大学生生命教育的问题，是对目标、指导思想、内容维度等方面的设计与构建。身心认知领域使学生从精神、情感、人格、身体等维度认识整全的人格结构及生命全程。历史上，经过长期战争考验的沂蒙人民正是把"爱党爱军"作为崇高政治信仰，舍生忘死，心系国家。技能实践领域主要是掌握自我探索技能、心理调适技能及发展技能。自力更生、敢为人先的沂蒙人民历经时代洗礼，用"开拓奋进、艰苦奋斗"的坚强品格创造了"物流之城""商旅之城"。伦理价值观领域主要是悦纳自身又能帮助他人，尝试探索适合自身发展并适应社会的良好生活状态。

本书的学术价值主要体现在以下两个方面：一是将宝贵的沂蒙精神融入高校生命教育体系，有利于从根源上使学生牢固树立马克思主义世界观和方法论，培育自尊自信、理性平和、积极向上的社会心态；二是完善融入沂蒙精神特质的高校生命教育的内容设计，加强本地区以沂蒙精神为代表的红色革命文化"进课堂、进教材、进头脑"，为高校教育者提供课程内容参考，有利于沂蒙精神红色基因的代代相传。本书的应用价值也体现在两个方面，第一，有利于优化新时代沂蒙精神育人的实施策略。本书能为高校大学生生命实践教育课程提供内容体系，使高校学生自身积极扭转观念，自觉积极地参与到生命整全的教育中。第二，有利于丰富新时代沂蒙精神的研究领域。本书视角下生命教育的总目标和沂蒙精神的内涵有着高度的一致性，沂蒙精神的时代特征也需要依靠不同的传承载体注入高校学生的生命基因。

本书通过"生命教育起源、发展与大学生思想意识研究"和"沂蒙精神特征及其融入高校生命教育研究"上下两篇，注重"个体素养＋社会支持"的结构性原则、贯穿全时学习阶段的过程性原则、注重显性教育和隐性教育相结合的浸润性原则，从"文化渊源、革命时期、新时代"一以贯之的时间脉络融入沂蒙精神红色文化元素，构建科学合理的高校生命教育内容体系，提升当代大学生的主动参与、学之会用的学习体验。

作为土生土长的沂蒙老区人，从小跟随爷爷奶奶走过山间田野的黄土地，听着他们讲着抗战故事，感受革命先辈不屈不挠、吃苦耐劳的精神品格；长大了，在培育有沂蒙精神特质学子的临沂大学本科毕业，带着文化积淀和政治信仰完成硕博学业归国工作；工作后，又重新回到这片热土，兢兢业业奉献自己的所学所思，立志于将"爱党爱军、开拓奋进、艰苦创业、无私奉献"的沂蒙精神挥洒在三尺讲台。本书作为将沂蒙精神和生命教育融合的研究成果，在主题选取和实际应用价值方面有一定的创新性，在前期课题论证、资料整理、思路构建，中期研究开展、内容撰写、成果汇编过程中反复打磨、精细修改，得到过学界同仁的诸多支持和帮助；同时，感谢本课题组研究生马晨，本科生王璐瑶、刘秋霞等同学进行的后期文字校对工作。本书的研究成果好似"孩子"仰望"星辰"，面对深厚积淀的沂蒙精神，要用毕生来实践沂蒙人踏实奋进的时代精神。前路漫漫前路长，本著作尚有不成熟之处，也需要后续与时俱进做更加深入和完善的研究工作，望今后可以更多地深入乡间田野和教育现场，与一线专家学者深入交流研讨。

2022 年 11 月 28 日

目 录

上篇　生命教育起源、发展与大学生思想意识研究

第一章　生命教育发展历程与人生价值构建 ·············· 3

第一节　生命教育与沂蒙精神结合的国内外研究现状 ·········· 3

第二节　大学生心理健康现状呼求生命教育 ············ 8

第三节　沂蒙精神融入大学生生命教育问题反思 ·········· 16

第四节　大学生生命教育培养目标的思考 ············· 22

第二章　大学生要认识到生命价值在于精神闪光 ·········· 30

第一节　从物质活动的"即死性"研究精神生命的永恒性 ······ 30

第二节　生命教育建构大学生正确的生命价值观 ········· 36

第三节　充分认识超越性精神生命的核心意涵 ·········· 43

第三章　大学生生命价值、思想道德认知能力研析 ········· 48

第一节　大学生在生命意识与社会生命两方面认知能力分析 ····· 48

第二节　影响大学生生命价值认知的思想道德问题剖析 ······· 54

下篇　沂蒙精神特征及其融入高校生命教育研究

第四章　红色文化融入人文学科教育发挥的建设性作用 ········ 71

第一节　沂蒙精神融入生命教育之传统文化特性解析 ········· 72

第二节　沂蒙精神融入高校生命教育之精神特质研究·············93

第三节　沂蒙精神内涵广泛的新时期特征·············112

第四节　新时代沂蒙精神融入生命教育效能研究·············118

第五节　新时代沂蒙精神融入生命教育实现效能最大化·············126

第六节　大学生意志品质特点与沂蒙精神融入生命课程的契合点····129

第五章　沂蒙精神融入高校生命教育研究的价值引领·············134

第一节　共产主义理想构建大学生超越性精神生命价值体系·······134

第二节　以自强不息、艰苦奋斗精神实现社会生命价值·············142

第六章　融入沂蒙精神的生命教育课程内容设置·············149

第一节　融入沂蒙精神的生命价值的目标概述·············149

第二节　融入沂蒙精神的生命价值的三大领域·············152

第三节　融入沂蒙精神的生命价值的六大主题·············155

第七章　融入沂蒙精神，礼赞生命之美·············161

第一节　审美观教育体现"真""善""美"的辩证关系·············161

第二节　马克思主义审美观的特点及教育体验·············163

第三节　以奋斗之美铸教育之魂·············165

第四节　文学艺术作品产生审美观教育更强作用力·············169

参考文献·············172

上篇

生命教育起源、发展与
大学生思想意识研究

第一章　生命教育发展历程与人生价值构建

生命教育作为教育学的一个分支，于 20 世纪中期在发达国家逐步兴起。起初只在家庭教育和社会文化教育层面以小规模的方式开展。但是，随着社会物质、精神两个层面的快速发展，青少年的生命形态出现越来越多的问题，生命教育越来越受到社会各界的重视并转变为学校教育的重要内容。

第一节　生命教育与沂蒙精神结合的国内外研究现状

2013 年 11 月，习近平总书记在山东考察时指出：沂蒙精神与延安精神、井冈山精神、西柏坡精神一样，是党和国家的宝贵精神财富，要不断结合新的时代条件发扬光大。"水乳交融、生死与共"的沂蒙精神为老区人民铸魂，这一世代传承的红色基因应融入生命整全的教育。2010 年颁布的《国家中长期教育改革和发展规划纲要（2010—2020 年）》的"战略主题"中明确提出重视生命教育。我国多地先后结合地方实际开展生命教育专项实践，将其纳入课程计划，这对于实现"立德树人"的根本任务有重要的理论和实践意义。高校生命教育研究中，对价值内涵、思路设计、实施途径等的研究较为丰富，但鲜有浸润宝贵沂蒙红色文化资源的生命教育课程体系建构的研究。"不忘初心、牢记使命"，构筑扎根沂蒙大地的生命教育体系，培养具有沂蒙精神特质的学子，继承红色文化基因必要而迫切。

一、生命教育与沂蒙精神结合的国内相关研究

从生命教育的目的来看，中小学这个对生命的感知关键阶段，正是价值观养成的重要阶段，需要"扣好人生第一颗纽扣"。生命教育课程是围绕对自我生命价值、对于他人生命的认识、对自然与社会的关系的审视促进生命生长的过程。从生命教育的德育本质来看，育人为本，德育为先。生命教育的德育本质是体现道德特性的品格教育。道德寓于生命教育之中，生命教育也体现道德特性。因此德育在生命教育中是必不可少的一部分。在这样的学情下，将沂蒙精神贯穿生命教育的课程设计更显示出了时代性、迫切性、必要性。在课程内容的编排中要将沂蒙红色文化的政治思想、道德品质、家国情怀、社会责任感等教育元素，以"盐溶于汤"的方式渗透在课程内容中，最终实现中小学生生命教育理念和红色文化素养的双重提升。

对生命教育的内涵理论研究：从价值起点看主要有叶澜教授的"生命·实践"教育理论，认为教育是理解生命价值与本质进而提高生命质量的社会实践活动；① 冯建军教授主张"生命化教育"理论，认为生命化教育是"以人为本"的教育追求，教育应遵循生命的特性，认识生命的全部，进而形成人全面自由的个性化发展；② 刘铁芳教授主张"生命道德教育"理论，她认为："生命道德教育是指回到生命之中、遵循生命之道、关爱生命、生命有爱的教育。"③ 这些理论具体涉及教育对象"完整生命体的人"的认知基础，个体追求幸福成全自我的技能基础、悦纳自身尊重他人的价值观基础。高校学生正是价值观养成的重要阶段，需要"扣好人生第一颗纽扣"。综合来看，生命教育的理论内涵已十分丰富，但在与本土红色文化相结合中，尤其是赋予生命教育沂蒙精神的时代价值方面尚有较大研究空间。

进入 21 世纪以后，开始把生命教育作为教育途径、形成课程体系并加以介绍、研究和推广。从 2000 年开始，刘济良教授、郑晓江教授主张使生命教

① 叶澜：《让课堂焕发出生命活力：论中小学教学改革的深化》，《教育研究》1997 年第 9 期。

② 冯建军：《生命化教育》，教育科学出版社，2007，第 65—70 页。

③ 刘铁芳：《生命与教化》，湖南大学出版社，2004，第 4—16 页。

育成为更为根本的教育理念，并相继在各高校开始课程体系建设。从 2004 年开始，上海、辽宁、湖南等省市在各级学校开设生命教育课程。推动生命教育事业步入高质量的发展阶段，关键在于使其走出一条独特的发展之路，在于突出生命教育目标、内容及课程体系的不可替代性和价值考量。生命教育的意义重在使青少年提高对生命的认知、体验和创新，使广大青少年学生在不同的教育阶段能够做到调心理、明伦理、懂哲理、晓事理。因此，生命教育成为学校教育、家庭教育和社会教育的系统性工程。帮助青少年学生正确地认识生命、尊重生命、珍爱生命，在每个受教育阶段都能通过知识学习和生命教育的结合来提升生命的质量，为将来步入社会时实现人生意义和生命价值打下良好基础。

对生命教育的思路设计研究方面，高校生命教育思路研究是回答如何设计大学生生命教育的问题，是对目标、指导思想、内容维度等方面的设计与构建。从生命教育构成维度看，主要涵盖身心认知领域、技能实践领域、伦理价值观领域。身心认知领域使学生从精神、情感、人格、身体等维度认识整全的人格结构及生命全程。历史上，受到长期战争考验的沂蒙人民经过浴血奋战把"爱党爱军"作为崇高政治信仰，舍生忘死，心系国家；[1] 技能实践领域主要是掌握自我探索技能、心理调适技能及发展技能（人际关系处理、环境适应训练、职业生涯规划等）。自力更生、敢为人先的沂蒙人民历经时代洗礼，用"开拓奋进、艰苦奋斗"的坚强品格创造了"物流之城""商旅之城"；[2] 伦理价值观领域主要是悦纳自身又能帮助他人，尝试探索适合自身发展并适应社会的良好生活状态。沂蒙人民正是凭借"公而忘私、乐于奉献"的价值取向构成共产主义思想大厦的组成部分。[3] 综合来看，生命教育的身心认知领域、技能实践领域、伦理价值观领域三大领域皆与"爱党爱军、开拓奋进、艰苦创业、无私奉献"的沂蒙精神相互契合，但鲜有生命教育类研究将其作为生命教育的总目标和精神指引。

---

[1]　孙海英：《沂蒙精神融入大学生文化自信教育的路径选择》，《临沂大学学报》2018 年第 5 期。

[2]　徐东升、汲广运：《沂蒙精神研究》，山东人民出版社，2017，第 1—4 页。

[3]　魏本权、汲广运：《沂蒙红色文化资源研究》，山东人民出版社，2014，第 1—5 页。

生命教育实施途径研究方面主要有以下观点：体现出实施主体多元性、实施方式差异性、实施内容融合性的特征。实施主体多元性方面，从学校、家庭、社会和学生不同主体开展；① 实施方式差异性以实践课堂、实践活动、专题教育和心理咨询等不同方式进行思考；② 生命教育智能的分工与合作、管理与教化的分离与融合；③ 实施内容融合性体现在课程思政的大学生生命教育有效路径；④ 融合儒家教育观构建生命教育内容体系。⑤ 对生命教育的实施途径体现出从单主体参与向多主体建构的多层生态系统体系转变。

二、生命教育与沂蒙精神结合的国外相关研究

国外研究中体现出浓厚的社会问题背景特征，把生命教育作为一种教育理念，在学校实际的教育中常采用"品格教育""健康教育"等小切口模式：美国在 20 世纪 60 年代就提出了"Education for Life"（生命教育），旨在关注青少年反吸毒、防止自杀等问题；澳大利亚同样通过设立"生命教育中心"防止"药物滥用、暴力与艾滋病"；英国和德国都通过珍爱生命、直面死亡的课程坦然明智地对待生命全程；日本侧重于针对青少年的自杀、欺辱、破坏环境等提出尊重人的精神和对生命的敬畏。

从中可以看出，国外的生命教育主要聚焦消除生命威胁、引发人民对生命的热爱为目的而开展的一种社会性教育，但是由于社会历史文化背景不同、经济发展速度和学校管理体制的差异，国外文献中现有的生命教育路径显然不能直接运用。我国高校生命教育体系应该在国外理念的基础上有选择性地进行借鉴，探寻符合社会主义核心价值观，从而形成具有时代特征的生命教育体系。

---

① 薄存旭：《儒家视阈下现代生命教育的实施路径》，《山东社会科学》2011 年第 2 期。
② 赖雪芬：《在大学生中开展生命教育的途径》，《教育评论》2005 年第 1 期。
③ 韩延明：《论现代社会生命教育面临的难题及对策》，《山东社会科学》2011 年第 2 期。
④ 王铭：《基于课程思政的大学生生命教育有效路径探究》，《高教学刊》2020 年第 33 期。
⑤ 张逸佳：《儒家生命质量观与中小学生命教育的创新路径》，《教育科学论坛》2020 年第 16 期。

综上所述，高校生命教育虽然在国内起步较晚，但从研究的目标、内涵和路径方面涉及面较广，取得了较有价值的研究成果，但是仍有拓展研究的空间。首先，高校生命教育的目标指向性不够具体，针对性不强。现有研究大部分针对的是生命价值、生命伦理、生命认识等相对抽象深刻的概念，学生普遍反映不够具体可感。其次，高校生命教育中融入地方区域文化的力度不够。不忘初心、方能行远，底蕴深厚的区域文化尤其是红色文化应是新时代高校大学生不可或缺的精神财富和文化宝藏，这是赋予高校生命教育灵魂和时代性的体现。最后，高校生命教育的实践研究有待拓宽研究空间。生命教育来源于个体鲜活的生命过程，在教育的实施过程中，除了注重传统的个体素养外，还应发挥学习共同体（家庭、学校、社会支援机构等）的社会支持路径。除了注重传统的课堂讲授，还应提供具有学科交叉属性的阅读、视频、在线课程等多渠道学习路径。同时应该像"将盐溶解到各种食物中自然而然吸收"一样浸润于课堂内外的学习素材中，将隐性学习与显性学习相结合。

三、本研究的理论与实践意义

本研究的学术价值主要体现在两方面：一方面，有利于构建融入沂蒙精神内涵的高校生命教育的育人目标。将宝贵的沂蒙精神融入高校生命教育体系，有利于从根源上使学生牢固树立马克思主义世界观和方法论，培育自尊自信、理性平和、积极向上的社会心态。另一方面，有利于为融入沂蒙精神特质的高校生命教育的教学提供内容依据。通过反思教育现状中生命教育的缺失及存在的问题，有利于加强对生命教育课程体系的实践探索，培养厚植于本土文化沃土的健康人。

本研究的应用价值体现在两方面：一是有利于优化新时代沂蒙精神育人的实施路径，不仅从结构上注重个体素养与学习共同体相结合，而且在课程前、中、后过程建立全时培养模式，构筑显性教育与隐性教育相结合的培养路径；二是有利于丰富新时代沂蒙精神的研究领域。本研究视角下生命教育的总目标和沂蒙精神的内涵有着高度的一致性，沂蒙精神的时代特征也需要依靠不同的传承载体注入高校学生的生命基因。

第二节 大学生心理健康现状呼求生命教育

大学生大多处于 18 到 22 岁左右的青年早期，根据埃里克森的人生发展阶段理论，此时正处于建立亲密感、避免孤独感的重要时期。亲密感体现在与同学、朋友和教师等对象建立起来的生生友谊、师生友谊或团队合作友谊，获得良好的社会支持与情感支持，从而避免孤独感。

但是，反观现在的大学生心理健康现状，在远离家乡在外求学的过程中，大部分学生初次远离原生家庭，在陌生城市的学校环境中，与来自五湖四海的不同生活背景的同学朝夕相处。同时又刚开始面对较大的学业压力，很容易产生情感上的孤独感和人际交往的压力。据大量现实报道指出，国内学霸云集的高校学生更有可能在初入大学期间引发心理健康问题，这是因为，高中时期有成绩优势，在大学这同一起跑线上共同竞争中稍显劣势的同学会形成更显著的心理落差感。因此，陌生的环境、严酷的竞争、情感支持的缺失，会加剧大学生的心理负担。

由此可见，在大学阶段尤其是大学新生入学教育进行生命教育尤为必要和迫切。

一、大学生心理健康问题引发生命教育的紧迫性

从人的毕生心理发展的阶段性特征来看，大学时期是青少年时期心理和行为特征的延续，也是走向社会、正式进入工作角色前的知识技能与心理储备的重要过渡阶段。青少年时期是自我同一性形成的关键时期，青少年应该对自我的学业水平、自身能力、职业生涯规划、梦想及目标等整体上有一个

较为清晰真实的评估。当自我评价与他人评价出现不一致时，应理性看待他人提出的成长建议及自身需要改正的相对弱势。如果自身没有一个较为客观的评价，同时又缺乏社会支持手段等的指导和教育，则较容易造成自我同一性混乱，而这一处境极易造成迷茫、焦虑、缺乏社会责任感和担当的心理问题和行为表现。

如果青少年期没有形成自我同一性，这一阶段没有完成的发展任务就会延续到下一阶段，也就是大学阶段来继续完成。因此，大学阶段更需要及时地引导学生关注生命和人生价值，关注国家责任和历史担当，为走向社会做足知识技能储备，为承担奋斗大业积蓄责任使命价值。

几乎所有的家长都在"不能让孩子输在起跑线上"这一理念的主导下，让孩子从幼儿园开始就承受繁重的学习负担，除了在校学习加长时间，休息日也要走马灯似的奔波在"补习班""提高班""特长班"，深陷在练习题的海洋和考试的崇山峻岭。有一首儿歌是这样唱的："父母心太急，望子成龙争朝夕；正课副课辅导课，大雨倾盆向儿袭，脑子乱成一团泥；哪能刻苦钻学习？"孩子本应拥有快乐成长的时光，却因"不能输在起跑线"，压力重重地在"试途"跋涉，使他们痛感学习乏味、生活痛苦、人生乐趣尽失，致使许多原本朝气蓬勃的孩子失去对生命的珍惜和热爱，有的自暴自弃，有的因小事发怒下毒害死同学或朋友。西安音乐学院学生药家鑫开车肇事杀人；复旦大学研究生林森浩投毒害死室友；北京大学学生吴谢宇杀害自己的母亲、诈骗144万余元。

他们本应该成为国家的栋梁之材，却成了被判死刑的杀人犯。虽然这是极特殊的个例，但是引起了教育界和社会学界的反思，加强生命教育成为青少年人格教育、道德教育、伦理教育最紧迫的任务。陕西师范大学附属中学教师杨林柯说，如果我们让学生的词典里只有为学习成绩"拼搏""奋斗""成功"，那么学生的生活在哪里？生命在哪里？中小学教育倾向与考试有关的知识的灌输，学生的学习变成了背诵、接受、考试的过程并以获得高分为最终目的，这种急功近利的教育模式使学校教育出现"只见考生，没有学生"并以"高考状元"的产生作为最高成就的严重问题。特别值得教育研究机构深思的是，有的高考状元或有神童之称的高分学生进入职场后却成了不能适应工作岗位要求的低能人，更有大学生逃避就业成为"啃老"一族，令人感到生命教育失败不是可以忽略或找理由开脱掉的问题。

我国大学生在生活压力方面的问题也不容小觑，据《北京青年报》报道，北京某重点大学有近 40 人被确诊为抑郁症。另有统计显示，我国每年因抑郁症自杀的人数占总自杀人数的近 40%。

沉重的学业、就业、经济等方面的生活压力已经给大学生群体造成了严重的心理负担。尤其是近些年在疫情冲击下，高校毕业生就业形势严峻，由此产生的就业和经济压力，自我晋升带来的学业竞争压力等，更容易导致学生的负面情绪。负面情绪得不到来自父母、亲友和教师等及时的社会支持帮扶，或者学生个体得不到正规的心理咨询帮助，负面情绪极易造成更为严重的心理问题。此时，接受生命教育，使学生认识到自身担负的社会使命感和责任感，培养具有完善人格、创新意识和奉献精神的学生，已成为新时期心理健康教育的重要使命和内容。①

二、大学生心理健康问题的引发原因

2000 年开始，每年的 5 月 25 日被定为全国大学生心理健康日。据中国疾控中心的数据显示，心理障碍者占全国大学生的 16%~25%，其中以焦虑、抑郁情绪、强迫症状等为主。据教育部门的有关调研显示，"学业压力、就业压力、人际交往压力和情感压力"是心理障碍来源最为突出的压力事件。当学生进入大学后，家人及社会对其"心理成熟度"和"社会适应力"的高度期待，与大学生年龄特征中"心理成熟过渡期"和"社会适应缓释期"，二者矛盾突出。同时，据实际调研发现，大部分大学生在高中及以前的学习阶段中，很少甚至未通过心理咨询等心理求助，也较少接触过心理健康有关的系统课程，因此对自我情绪的识别及评估、对生命价值的内涵诠释及彰显方式皆有待系统性的明晰及提升。

---

① 周莹:《贫困大学生心理精准帮扶模型建构：基于社会支持和情绪调节的链式中介效应》,《山东社会科学》2019 年第 6 期。

（一）儿童青少年期心理问题的积累与忽视

儿童青少年期有其不同于成年人的独特行为特征和心理发展特点：他们不擅长或不会准确表述内心的痛苦，也缺乏为其发声的代言者，心理问题易被当成情绪宣泄而被误解、被忽视。而且，在不少家长和学生的心里，心理问题一直被"污名化"，即使出现情绪或行为问题，也拒绝承认，更不愿意接受正规的心理咨询，这往往会造成更严重的后果。同时，中小学心理课堂"边缘化"问题严重，中小学生较为突出的"学业压力""考试焦虑""厌学弃学"等是由于多学科学业压力所导致，却在亟须情感支持的"心理课堂"中遭受空位缺失。

心理问题的产生非一时之起，心理问题出现的年龄逐步下移：大学期间心理问题的产生应向前追溯至儿童青少年时期，因为儿童青少年时期是学习品行、思维习惯、认知风格、行为模式和处事方式形成的关键期。如果能够在此时期形成勤奋好学、谦虚谨慎的学习品行，审思明慎、明义睿思的认知风格，一诺千金、豁朗开明的人际关系，则更容易能培养起敢于担当重任的责任感和使命感；同样，如果此时期仅专注于单一的成绩比拼，忽略内在心理资本的积累，则会造成日后的心理弹性不足，面对挫折更易造成一蹶不振的情况。

从城乡差异视角看，乡镇困境儿童青少年的心理健康状况更应得到充分的重视，尤其是因其父母一方甚至双方在外务工等情况，跟随其他照料者生活的"留守儿童"，或者随父母易地搬迁的"流动儿童"群体。乡镇儿童青少年因父母疲于劳作、疏于照顾，进而导致学业压力、考试焦虑甚至厌学逃学等一般心理及行为问题的不在少数。从以往研究及实际调研中发现，乡村"留守儿童"或"流动儿童"群体面临着缺乏社会支持造成的孤独感、缺少生活学业指导产生的自卑及低社会适应、缺乏情感依赖导致的人际交往障碍甚至攻击行为，以及较低的社会支持手段和较低水平的心理资本等较为典型性的心理及行为问题。[①]

---

① 赵金霞、李振：《亲子依恋与农村留守青少年焦虑的关系：教师支持的保护作用》，《心理发展与教育》2017年第3期。

（二）大学时期心理问题的集中式出现与社会支持手段的缺失不足

大量既往研究显示，人们生活中遭受心理问题，一方面与生活压力事件强度的大小有关，另一方面也与生活中经历的重要事件的频率的累积有重要关系。如果生活中在不同时期累积了足够多琐碎的生活压力事件，即使单一事件的严重程度很轻微，高频次的累积也足以致使人抑郁，易感性也会大大增强，从而对人的身心伤害也更为严重。这就是日常生活应激事件的长期累积而形成的叠加效应。

青少年时期（尤其是高中时期）深藏于沉重课业负担下的心理问题并不易显现，容易被每日繁重的学习事件所掩盖。而进入大学之后，来自陌生环境的生活适应问题，以及入学之初独自一人生活的孤独感，会覆盖初上大学时的新鲜感。同时，周围的同学虽以同样优秀的成绩考入大学，但在日后的学习过程中，难免会分化出成绩的高低差异，这就对很大部分学生的自信心和自尊心提出了挑战。大部分大学生需要在高校中找准自身的学业发展定位。

就业方面，学生面临较大的职业生涯发展压力。一般来讲，普通高校有超过 50% 的学生会选择考研或者出国继续深造等自我提升计划。就目前的国内形势来讲，2022 年考研人数为 457 万，而 2023 年的考研人数则突破了 500 万大关。但更为严峻的是，和 2022 年相比，大量高校都出现了缩招现象。可以说，考研和就业的双重压力，致使高年级大学生的就业更加"内卷"。这种情形下，一部分学生出现了过重的学业压力和负担，另一部分学生则出现了"躺平"的现象。不管是学业压力过大，抑或是简单放弃竞争选择暂时"躺平"，都不利于学生初入社会时自身就业竞争力的发挥。

与此相对应，面对严峻学业压力和就业压力的大学生，很大一部分不知道如何获得最佳的社会支持路径，也没有尝试过通过"心理咨询""职业发展咨询"等手段来寻求帮助。学生心理问题的产生是微观家庭环境、中观学校环境、宏观社会支持系统的综合作用，其解决也需要政府、高校等主体的共同帮扶。[1]

---

[1] 王玉秋：《大学科研评价全景考察与范式转换》，知识产权出版社，2019。

（三）缺失生命价值之本的心理健康教育

一个人从启蒙阶段到长大成人是建立人生观和理想追求的重要阶段。但在这个阶段，考试成绩却成为多数老师和家长追逐的目标。这样做导致的结果是，所谓"德、智、体、美、劳全面发展"被扭曲成以"智"优先，进而被异化为以考试成绩优先。孩子如果在心智成长重要阶段未能得到成人的良好指引，在性格养成上也就难免会存在多方面的不足。

在中国的传统文化中"性善论"一直是核心意涵。早在战国时期孟子就提出"人性之善也，犹水之就下也。人无有不善，水无有不下"（《孟子·告子章句上》），强调"善"是人的本性，"不善"，就违背了人之本性。宋代时有了启蒙教育的《三字经》，起始句便是"人之初，性本善"。中国人从小接受的教育就是要有善恶之心、是非之心。佛家将这种情况命定为"善缘"。作为渴求知识的生命个体，随着教育程度的深化要具备最重要的品德：仁、义、礼、智、信。做人的关键在于保有善根，胸怀仁爱之心，遵守道义和礼治，拥有崇高的人生信仰。但在某些高学历人群故意杀人案件中不难看出，有部分学生丧失了善根、脱离了善缘、不珍爱自身及他人的宝贵生命，更谈不上具有崇高的信仰。当一个人背离了传统文化中的仁、义、礼、智、信，失去了奉献他人、服务社会的理想，必然会造成极端自私自利，在遇到某些不利于自身境遇的情况时，就会置他人的死活于不顾，斩断了自己的生命之源，沦为法理不容、人人痛恨的衣冠禽兽。

三、注重生命教育，唤起心理共鸣

教育的关键是要解决人性问题，稍有不慎或者是失去心灵救赎的功能就会偏离到培养"有学识屠夫"的歧路上去。教师只以灌输知识为教育的唯一而忽视"三观"教育，使青少年落入应试教育的模式中，会使他们中一部分人失去人性之善。有位二战纳粹集中营中的幸存者，战后成为一所中学的校长，他对教师提出的职业要求是："你们的努力绝不应当被用于制造学识渊博的怪物、多才多艺的变态狂、受过高等教育的屠夫。只有在先使我们的孩子具有人性的情况下，读写算的能力才有价值。"

2010年3月23日，福建南平发生故意杀人案，犯罪嫌疑人郑民生几十秒内杀死学生8人，重伤5名学生。当场被几位市民、教师和学校保安抓获。郑民生原是一名社区医院执业医生，无精神病史，案发时处于辞职待业状态，受审讯时称其作案动机是报复社会。郑民生是外科医生出身，学过解剖学，对人体结构了如指掌，以刀刀切中要害的残忍手段杀害六七岁的学生。2010年4月8日，郑民生被福建南平市中级人民法院判处死刑，其上诉后被福建省高级人民法院驳回上诉，遂执行死刑。

生命教育的重要任务是使学生的专业知识、技术本领与生命意识共同成长，包括树立理想信念、培育责任感和抗挫折能力、团队合作意识等。而重中之重是培养崇尚真善美、摒弃假恶丑的品质，从小就向往做遵纪守法、心性高尚的人。中国人民大学俞国良教授在接受媒体专访时曾用通俗易懂的语言讲透了人才培养的界限："身体不好是废品，学习不好是次品，品德不好是危险品，心理不健康是易爆品。"药家鑫、林森浩、吴谢宇、郑民生等等受过高等教育却成为残害生命的罪犯，可以说是生命节点上的"易爆品"，使无辜者失去了宝贵的生命。

无可否认，生命教育失败的责任不仅仅在于学校教育，是需要社会、家庭、学校共同承担的责任。但是，针对学校教育而言，偏重知识传授而忽视生命品质、生命价值和造福社会意识教育，出现更多有才无德、危害他人生命的智高者，是必须使整个教育系统进行反思、不断改革的严重的问题。尤其是高校，在进行专业、学科知识技能教育的同时，要强化包含生命价值、德育意识的生命教育，使本科生、研究生做到德智体美劳全面发展，实现为国家培养综合素质好、专业能力强的人才目标。

生活的创造性意义实质上是生命质量和价值的体现。而生活的创造性意义就是个体在本能及精神、意识的支配下，欲望满足进而享受生活的过程。个体的欲望看似如同无法填满的载体，若物质性满足不能与人之道德品质和精神境界提升相适应，生命价值和人生意义都将是竹篮打水一场空。无可否认，个体的欲望是激发其不断奋斗、获得快乐幸福的助推剂。人若没有理想信念的追求和社会面的成就认可，则生活会变得索然无味，人生道路变得暗淡无光。

四、运用正确的人生观为个体生命导航

个体欲望是向前递进而没有止境的，现实中的人生小目标一个一个地接踵而来，如果没有正确的人生大目标的定位，幸福感都将被破坏甚至消失殆尽。所以，在实现生命价值和人生意义的过程中要充分体会到乐趣与欢欣，这种乐趣与欢欣不仅仅是通常意义上的享受，更多的是伴随着整个努力过程中的阶段性小目标的实现，这就要用一种宁折不弯、永不言败的精神为支撑，做到宠辱不惊、百折不挠。

大学生个体之间因思想意识不同，认知能力和自身的掌控能力也是不同的。每一位个体的生活都具有丰富性和变化性的特点。在高速发展的现代社会，持有正确的世界观、人生观、价值观，才能在生活的态度上持有开放性和包容性，具有承认个体间差异的肚量与胸怀。

作为人生之基础的物理性生命属性，可以用自然科学的方法分析、判断个体间的区别。但是，个体之间的意识、精神上的差异，即世界观、人生观、价值观的差异不能用自然科学量化。因此，生命价值、人生的意义不能简单地以金钱或物质来衡量：有的人虽然身无分文，却因为对他人或社会以及整个人类发展作出巨大贡献名垂千古，被世代学界研究和推崇，比如在革命战争年代牺牲的方志敏、赵一曼等许多共产党员；有的人却因为有了巨额财富后乐善好施成为人们效仿的楷模，比如玻璃大王曹德旺是全国慈善第一人，到 2021 年为止已经捐出善款 160 亿元。每当国家发生了巨大灾难，许多人都捐钱、捐物支援灾区或做志愿者贡献自己的力量，这种高尚的情操才是人生意义超凡的集大成者。生命教育的根本意义就是培养这种能为集体、国家或人类发展作出巨大贡献的人，为人类社会文明的进步起到教育应发挥的推动作用。

每位大学生都要在不同时期的生活中经受甜酸苦辣的历练，对顺境、逆境的感受程度、体验深度以及表现出来的心理反应存在很大的差异，更是不

能进行统一量化的一种客观存在。所以，人们头脑中的世界观、价值观、人生观即"三观"存在很大的差异性，"三观"正确的人通过自身坚持不懈的努力和奋斗获得人生价值提升和生命意义的体现。因此，高校生命教育要引导、感化青少年以正确的"三观"把握生活，无论在学习和生活中有了收获与失落、成功与失败，都应该以正常的心态面对，不以收获和成功趾高气扬、居功自傲；不以失落和失败颓废气馁、自暴自弃，以微笑面对烦恼、应对挫折。人生必然要经历在失败中成长、在失去中获得的过程，正如常言所说的"有舍才有得""没有人随随便便成功"。美好的人生也正是在先舍后得、先失败后成功过程中得以提高了心灵的境界。高校生命教育的责任就是引导大学生正确对待明天的痛苦与无奈，努力认真地对待生命的每一天。

第三节　沂蒙精神融入大学生生命教育问题反思

生命教育是立足于生命价值与人生意义的教育，帮助青少年学生认识生命价值在何处体现、人生的意义建立在何种坐标上是重中之重。这就需要从深入解析生命价值与人生意义入手，使学生明确生命价值体现的路径和人生意义实现的方向，掌握应对学习和生活问题的能力，消融人际关系中的摩擦和争执，以人文精神和道德品质统御所要走的人生道路，从而获取真正意义上的快乐幸福人生。

每个生命个体都对未来充满美好的期待，渴求在实现人生价值的同时获得快乐幸福的生活。但是，许多人在随波逐流中失去了大量宝贵的青春时光，当步入人生成熟阶段才懊悔自己的人生价值没有得以实现，最初的人生理想遥不可及。因此，高校的生命教育必须注重引导学生寻求生活的意义和努力实现人生目标，使大学生及早懂得把握青春时光、驾驭自己的生活航道，避免因遇到困难和挫折改变航向而落入不可扭转的人生悲剧结局。

一、沂蒙红色文化赋能高校课程的案例

习近平总书记在北京大学师生座谈会上指出："青年的价值取向决定了未来整个社会的价值取向，而青年又处在价值观形成和确立的时期，抓好这一时期的价值观养成十分重要。这就像穿衣服扣扣子一样，如果第一粒扣子扣错了，剩余的扣子都会扣错。人生的扣子从一开始就要扣好。'凿井者，起于三寸之坎，以就万仞之深。'"青年要从现在做起，从自己做起，使社会主义核心价值观成为自己的基本遵循，并身体力行大力将其推广到全社会去。[①] 前身为滨海建国学院的临沂大学依托丰富的沂蒙红色文化资源精神沃土，将忠贞之志的爱国情怀深植青年学识与品格，结合时代要求融入多种教育形式，实现红色基因薪火相传、红色血脉赓续不断。临沂大学依托沂蒙革命老区现有的红色文化资源，近些年创新性地打造和培育了一系列集思想性和艺术性的文艺精品，进一步提高了沂蒙红色文化的影响力、感召力和辐射力。

一方面，全面推进沂蒙红色文化全员、全程、全方位育人，将沂蒙精神融入办学各个环节。[②] 以教师和学生为主体，设计、编创了"沂蒙精神三部曲"：民族管弦乐《沂蒙史诗》、红色歌舞《沂蒙印象》及情景话剧《沂蒙情深》，打造了艺术党课《初心》，构建了文艺教育综合实践平台，用艺术讲政治。同时，以国家非物质文化遗产传统地方戏剧柳琴戏为主，构建了集"理论研究、艺术创作、人才培养、表演实践"四位一体的优秀传统文化传承发展体系。近年来，结合沂蒙红色文化、沂蒙精神等领域理论研究和科研平台建设，不断创作出新的柳琴剧目：新编历史剧《王祥卧鲤》、柳琴小戏《山里红》等红色曲目亦突破了原有的红色演绎模式，编排以识字班、支前、厉家寨等为主题，以粗犷热烈、朴实健康的风格，浓郁生活气息的表演方式和包含诸多古声古韵的丰富唱腔，使柳琴戏散发出浓郁的生活气息和地域色彩。另外，还

[①] 习近平：《青年要自觉践行社会主义核心价值观：在北京大学师生座谈会上的讲话》，http://www.xinhuanet.com/politics/2014-05/05/c_1110528066.htm，2014年5月5日。

[②] 李喆：《贯彻落实习近平总书记重要讲话 结合新的时代条件发扬光大沂蒙精神：纪念习近平总书记沂蒙精神讲话两周年》，《临沂大学学报》2015年第6期。

通过呈现沂蒙红色文化历史进程的红色馆、展示沂蒙红色非遗文化的博物馆、收藏红色文献的图书馆等实体文化展馆，使沂蒙精神成为学生应对瞬息万变外界环境的精神宝藏和心理支持手段，[①] 将"水乳交融，生死与共"的沂蒙精神本质价值认同内化于心、外显于行，形成革命老区大学鲜明的育人特色。

另一方面，把沂蒙精神融入社会服务，发挥专业人才优势，扎实推进专家学者和学生深入基地、农村和工厂。首先，学校依托沂蒙红色文化聚集区域和山东省党性教育基地，组织学生深入实践基地沉浸式领会沂蒙精神和红色历史。通过学校科技产业、社会服务处和区域经济协同创新中心等机构依托产学研合作项目，派出专家、教授、知名学者下农村、下工厂、挂职第一书记等方式，帮扶老区群众解决生活、生产中的实际难题，发挥扶贫、扶智、扶志的作用。[②] 其次，通过组织学生到农村实践、大学生自创或参与教师的科研课题等形式，使学生能够深入调研社会主义新农村建设的现状和变化，了解老区的发展途径和管理方式。最后，组织学生进入企业一线、参与生产劳动。重在让学生了解工业与城市发展，提高创新创业能力，达到强化学生劳动技能和增强大学生社会适应能力的目的。

二、沂蒙红色文化融入高校生命教育的问题反思

（一）课程设置不足，课程形态定位模糊

生命教育类课程是塑造学生积极进取生命价值观的重要手段，也是体现学校育人特色和文化积淀的重要渠道。诚然，近些年高校在学生的入学教育过程中，越来越多地注重新生入学心理健康教育，也有高校针对不同情形学生探索出安全教育课程设置的研究、生命安全教育的课程目标及内容的匹配研究、与地方文化特色相结合的研究等。但是，针对本地区的生命教育课程内容及形态定位方面，调研中仍然发现了若干问题。

---

① 周莹：《贫困大学生心理精准帮扶模型建构：基于社会支持和情绪调节的链式中介效应》，《山东社会科学》2019 年第 6 期。

② 李中国、黎兴成：《职业教育扶贫机制优化研究》，《国家教育行政学院学报》2017 年第 12 期。

著者在对高校学生生命教育课程内容等进行考察的过程中发现如下问题：首先，新生入学教育中，结合沂蒙文化有针对性地对学生进行生命价值的教学内容涉及不足，教师 A 讲道："我们近些年来针对学生高发的涉及生命教育安全的问题，比如学生学习焦虑问题、人际交往焦虑等问题，在主题团课、心理社团剧演出等活动中进行强调，但是没有针对生命教育主题的关键课程。"生命教育课程的教学形式多种多样，组织规模见仁见智。调研中也看到，不同教师也会不同程度地把生命教育课程看作是心理健康教育的组成部分、班会或团课中的重要主题形式等，但并没有将生命教育课程看作独立的课程模式。

事实上，生命教育课程不完全等同于心理健康课程或者德育课程。生命教育是引导学生以尊重自然生命为出发点，教育内容主要以培养学生对生命的敬畏之情与热爱为主要目标，继而培育学生的自我觉察与反思能力，形成积极的人生态度和卓越的生命价值。学校德育则是教育执行者们依据社会规范的要求，对教育者有计划、有目的、有针对性地进行思想、道德和行为教育，并通过受教育者的日常行为活动来践行与体现。

此外，在调研中也发现，生命健康教育多依附于相似的课程而存在。在访谈中，教师 B 和教师 C 都不约而同地谈道："当我们在大学生心理健康课程中渗透生命教育的内容时，我们不太明白两者的结合点在哪里……我们也试图探索一些以生命教育为主题的课程模式，但是没有可以借鉴的课型，把握不清内涵和外延，令人有些茫然。"因此可以看出采取将生命教育内容渗透学科教学的教学模式，有时机械地重复知识，导致生命教育的知识点与学科知识点重合，而生命教育的关键并不在于重复这些知识，也并不是以一种附属知识的形式存在于这些主流课程内容中的，而是要在有机融合的基础上，有效地利用这些知识，解决生命中的疑难和困惑。因此，采取多学科渗透式的教学形式，不仅不利于生命教育专门知识的系统开展，学生也不能深入地领会生命教育的核心内容。

当调研人员观摩此类课程时，也发现教学内容以西方理论为主，涉及具有传统文化或者传统革命历史题材的内容不足。众所周知，心理学及相关学科"有一个很长的过去，但是一个很短暂的历史"，生命教育的发展历程最初在西方国家得以发展迅速，不可避免地在教授过程中，会较多地涉及国外有代表性的理论内容。教师 A 和 C 都提到过类似的困惑："我们在备课的时候，融入心理学相关的人格发展理论、性格气质学说等，教材中涉及的内容不少都是基于西方理论。虽然，近些年课程思政等改革春风吹遍教学领域，我们对教学内容有了较大幅度的探究和改革，从中国历史传统文化的视角新添加了一定程度的教学案例和教学内容，但现阶段还处于材料积累阶段……中国传统文化，尤其是革命历史传统的无价瑰宝我们会不断挖掘，也需要时间对课程内容进行精致化打磨和塑造……尤其以我们院校为例，红色基因世代相传，更有大量体现地方文化特色的瑰宝亟待深层次挖掘和使用。"

（二）课程目标不明确，沂蒙精神融入课程内容融合生硬

首先，不少教师认为自身对沂蒙精神的核心理念和新时代发挥沂蒙精神的必要性都需要深入的探讨。比如在访谈中教师 D 谈道："沂蒙精神的表面意义大家都知道，平时在授课的时候，也都能说出沂蒙精神的特质和价值观的具体内容，但是在新时代如何发扬沂蒙精神，或者说生命教育的课程内容如何同沂蒙精神进行有效的融合，是我们的一个困惑点……尤其是在和学生生命价值塑造的结合上，我们感觉问题更加突出。比如，沂蒙精神的时代价值如何彰显？沂蒙精神的内涵和外延如何与生命价值教育的教育范畴相对应？如何在新时代激发大学生学习传统红色革命历史文化的兴趣？这一系列问题都是我们主讲教师困惑和亟待解答的难题。"因此，生命教育和新时代发扬的沂蒙精神内容上相互契合，避免两张皮的生硬感和距离感，培养有扎实专业基础知识、兼具地方沂蒙精神文化特质、致力于为老区经济社会教育发展服务的学子，是将红色文化融入生命教育类课程的重要使命。教学设计环节中，针对生命教育渗透的学科教学中，章节目标体现的沂蒙精神育人价值不足，多集中于理论知识的讲授，对于生命教育的课程目标设计略显笼统，一定程度上缺乏目的性和针对性；课程目标的设置层面，在对具体的生命教育类课程进行观察时了解到，有时课程目标的设计有些宽泛，仅使用一些笼统的词语来描述课程目标，比如"尊重生命、珍爱生活"等，没有细化到生命教育课题，也没有再细化到

"知识与技能""过程与方法""情感态度与价值观"的具体教学目标。

在教学素材方面，教师提供的教学内容素材不足，缺少对沂蒙传统文化的深度挖掘，在展现沂蒙特色文化的时候，也多是阅读书籍、阅读文章然后做读书笔记的形式，丰富多彩的课堂展示内容不够翔实。在对教师进行的访谈中，教师 A 谈道："在新时代，沂蒙精神的内涵发展必然会结合经济的快速腾飞有崭新的表现和成就，因此如何与时俱进地将其关键特质融入生命教育类课程的目标与内容，既具有宏观视角又体现地方文化底蕴与特色，这就给课程提出了更高的要求，也是不断激励我们教师精进教学内容、加强教学反思、提炼教学思路、总结内容方法的必然要求。"教师 D 也反映："在课程内容的选择上基本都是以沂蒙精神故事和案例为主，而这些内容要么和同学们现在的生活相离较远，要么是过于僵硬地对同学们进行生命教育相关内容的说教。"另一些老师在访谈中也反映，在教学中使用的有些故事和案例很多是用来匹配课程单元的主题，从而缺乏目的性和针对性，与掌握生存技能等实践应用领域相离较远，由此使学生产生对生命智慧的体悟就有限。

（三）基于地方文化特色的课程理论与实践基础薄弱

课程的设计是需要教育学、心理学和一定的社会学理论基础作为先导学科，然后结合教学实践不断科学磨课的过程。而在结合沂蒙精神的生命教育类课程中，为了避免地方特色与生命课程内容两张皮的困境，更是应该在融合点上下功夫做文章。反观当下结合沂蒙精神的中小学生命教育课程建设，课程的理论基础及实践基础都很薄弱，具体而言：

一方面，沂蒙红色文化资源的研究跨越众多学科，需要从社会学、历史学、文化传播学、教育学等全方位视野进行一种综合式、交叉式的"话语分析"，在不同的研究点上，文本也会随之调整。如分析沂蒙红色文化资源的历史演进时，应以历史学的方法为立足点，从历时性和共时性看待红色文化资源同社会变迁的相互影响、发展规律及时代价值；在分析经典红色文化作品时，需要借鉴文学和艺术学的分析视角，红色文化本身即是价值与事实的统一，是创作方式与表现形态等的统一；在分析沂蒙红色文化资源的时代传承时，需要以传播学和教育学的方法为立足点，在遵循沂蒙红色文化核心价值观的前提下，传统与现代结合、文化与商业结合、教育与普及应用结合。在访谈中教师 E 谈道："在结合沂蒙精神的内容方面，学生本身对沂蒙精神相关的内容是很感兴趣的，但是我们老师有时在设计教学时，偏重于理论知识的背诵和考察，说实话，这样考察起来比较符合应试为主的考试习惯。"教师 B 和教师 C 也谈道："虽然我们也曾经设计过沂蒙精神为主的情景剧和表演话剧，同学们的热情都很高涨。但是应注意到的是，如何使这些灵活运用的方式既不是流于形式，又能够考察深层次的、学生实践层面的对沂蒙精神的理解和运用，这是我们头疼的地方。"

另一方面，忽视实践调查与研究。生命教育内容应是与实际生活密切相关又真实鲜活的，而接受这些教育的学生更是一位位充满生机又饱含热情的生命个体。从教育心理学人本主义的立场出发，生命教育类课程应该使学生成为完善、充分起作用的人，使学生整体的人格得到发展；学习过程应以学习者为中心，使学生的个性得到发展，潜能得到发挥；在学校，教师和管理者善于营造一种和谐民主、共商共议的管理和学习环境，学生身处其中有利于激发其创造性、分享意识与协作精神；在专业学习中，强调实践出真知，实践内容不仅可以由专业任课教师提供，各个学院也可以根据专业特色积极拓展实践学习路径，加强学生的社会服务能力与意识，让学生在切身体验中学会解决问题。而在当下的生命教育课程内容设计的过程中，虽然一定程度上考虑到了学生的需要，但是大多还是依赖于课程设计者个人的想法和经验，把自己认为是生命教育课程的重要内容视为学生的需求，教材呈现的一些故事和案例也有远离学生的问题，致使课程内容有时缺乏真实而坚实的实践支撑。

第四节　大学生生命教育培养目标的思考

从生命教育的目的来看，大学时期这个对生命的感知关键阶段，是正式进入社会前价值观养成的重要阶段，需要"扣好人生第一颗纽扣"。生命教育课程的内容以正确认识自我为基础，延展到善待他人生命、尊重他人生命价值，进而敬畏自然与社会以达到超越性生命的从容与淡然。从生命教育的德育本质来看，育人为本，德育为先。生命教育在德育本质层面也可以看作是体现道德品行的品格教育。

大学生生命教育，在课程内容的编排中，要将沂蒙红色文化的政治思想、道德品质、家国情怀、社会责任感等教育元素，以"盐溶于汤"的方式渗透在课程内容中，最终实现大学生生命教育理念和红色文化素养的双重提升。

在建构生命教育的理论基础时，借鉴华东师范大学课程与教学研究所安桂清教授的生命教育课程指导纲要，从道德教育中提炼生命教育的重要内容。从生命教育构成维度看，主要涵盖身心认知领域、技能实践领域、伦理价值观领域。

一、身心认知领域，锻造自身坚定信仰与高尚情操

身心认知领域使学生从精神、情感、人格、身体等维度认识整全的人格结构及生命全程，牢固树立马克思主义世界观和方法论，坚定"爱党爱军"的政治立场。历史上，受到长期战争考验的沂蒙人民经过浴血奋战把"爱党爱军"作为崇高政治信仰，舍生忘死，心系国家。

首先，运用正确的人生观为个体生命导航。个体的欲望是向前递进而没有止境的，现实中的人生小目标一个一个地接踵而来，如果没有正确的人生大目标的定位，幸福感都将被破坏甚至消失殆尽。所以，在实现生命价值和人生意义的过程中要充分体会到乐趣与欢欣，这种乐趣与欢欣不仅仅是通常意义上的享受，更多的是伴随着整个努力过程中的细节之处和阶段性小目标的实现，这就要用一种宁折不弯、永不言败的精神为支撑，做到宠辱不惊、百折不挠。大学生个体之间因思想意识不同，所以认知能力和自身的掌控能力也是不同的，每一位个体的生活都具有丰富性和变化性的特点。在高速发展的现代社会，当个体能够持有正确的世界观、人生观、价值观，才能在生活的态度上持有开放性和包容性，与之具有承认个体间的差异的肚量与胸怀。

其次，高尚的情操是促进人生意义超凡的集大成者。作为人生之基础的物理性生命属性，可以用自然科学的方法进行分析、判断个体间的区别。但是，个体之间的意识、精神上的差异，即世界观、人生观、价值观的差异不能用自然科学量化。因此，生命价值、人生的意义不能简单地以金钱或物质这样的东西来衡量。有的人虽然身无分文，却因为对他人或社会以及整个人类发展作出巨大贡献而名垂千古，从而世代被学界研究和推崇，比如在革命战争年代牺牲的方志敏、赵一曼等许多共产党员。拥有高尚的情操才算是生命价值大、人生意义超凡的集大成者。生命教育的根本意义就是培养这种能为集体、国家乃至人类发展作出巨大贡献的人，为人类社会文明的进步起到教育应发挥的推动作用。因此，生命教育聚焦以正向积极的"三观"把握生活，既不以收获和成功而趾高气扬、居功自傲，也不以失落和失败而颓废气馁、自暴自弃。

最后，引导大学生锤炼独立自主品性。大学生处在认知发展的过渡期，虽然在生理上已表现出足够成熟，但是在履行社会义务和责任方面出现了自身在青少年时期因未完成发展任务而形成一定程度的延缓。这就需要家庭、学校和社区等人员及时了解大学生的心理发展动态，并给予充分的关心和引导。大学生在以学校为主要空间的社会生活中，人与人之间构成了相对复杂的关系，比如与关系较好的同学构成的朋友关系，与授课教师和辅导员构成的师生关系，这些相对复杂的人际关系，为形成大学生思想意识和人格素质起到很重要的影响作用。当大学生时时处于紧张的学习生活中，陷入攀登试山、泅渡题海的漩涡时难免出现不尽如人意之时的沮丧和失落，处在这种心灵境域常常不易把握和处理学习生活中出现的问题。尽管大学生的生命成长具有连续性，学习生活却存在进行时的场地中。如果大学生惯于按生命存在的本质去解决生活中的问题，比如以连续、稳定的方式去处理与同学、朋友及教师群体的关系，就会发现难以把握其中的复杂变化，常常会在处理具体问题时措手不及。

根据布朗芬布伦纳的生态系统理论和应激的压力缓冲模型，强调个体发展嵌套于相互影响的五大环境系统之中：自身因素、原生家庭、关系互动、学校管理、社会环境。同时，面对同样的事件或压力，个体会因环境或个人认知因素的不同采取不同的应对措施，能够缓解负面应激反应（如抑郁、焦虑等消极情绪）。因此，应对大学生群体实施心理"精准帮扶"，通过构建学生心理自治团体、学校专业心理咨询机构、师生学业导师精准对焦等帮扶途径，通过个体、团体心理辅导，促使学生自发的"精准参与"。经过这样多维动力空间的心理帮扶对策，夯实帮扶效果，并落实长效追踪调研机制，最后达到构筑学生"生命价值堡垒"的目标。

"心随境转"，提高认知能力适应环境因素发生的各种变化。有人说生活就像一面反光镜，随时折射生活光怪陆离的面貌，即有人对它哭，它就哭；有人对它笑，它就笑。如果个体以悲观、消极的心态对待生活，生活也一定不会为他反馈乐观、积极的样貌；如果个体以乐观、向上的心态对待生活，生活也一定会展现出阳光灿烂的样貌。生命教育要引导大学生掌握辩证唯物主义的变化规律：任何人与人之间的关系、人与集体、人与族群的关系都在随时随地地发生着或明或暗、或速或缓的变化，敏锐地察觉生活空间内发生的这种变化，适时调整自身在这一固定空间中的地位与作为，是适应集体乃至社会生活的根本。注重在生活空间内协调人际关系、不走极端，将使未来的生活道路顺畅和宽阔，生命价值与人生意义的提高、生活的快乐幸福也必随之而来。

同时，生命教育要引导大学生使用积极的情感调节策略，努力去改变自身的负面情绪和消极态度，接受环境因素中不能改变且又十分重要的属性，区分哪些是能改变的，哪些又是不能改变的，就能很好地把握固定空间内的学习生活和人际关系。针对迎面而来的生命不可承受之重，比如面对意外出现的挫折和打击时，若能够做到坦然处之，便是掌握了重要的人生智慧。有人说："错过了太阳你不要哭泣，否则你将错过星星和月亮。"任何人在面对已经发生的意外事件或挫折时，懊丧和气馁都是无济于事的，重要的是把握好当下、规划好明天，满怀信心地迎接未来。

二、技能实践领域，积极主动赋能实践

技能实践领域主要是掌握自我探索技能、心理调适技能及发展技能。自

力更生、敢为人先的沂蒙人民历经时代洗礼，用"开拓奋进、艰苦奋斗"的坚强品格创造了"物流之城""商旅之城"。牢固树立开拓奋进的思想意识，保持艰苦创业的精神风貌。诚然，现阶段在学习、生活和工作中，竞争带来的压力无处不在，淘汰也是在所难免，因此在遭遇挫折时我们也难免调侃自己想要"躺平"。但是时代的机遇又促使我们"躺不平"，面对机会，永远是留给有准备的人，毕竟如一位校长所说，"躺得了初一，躺不过十五"，奋斗才是青年的人生底色。偶遇困难时可以暂时歇歇脚，但整装待发后，仍需我们全力以赴。

因此，生命教育应引导大学生在人生的舞台上当好"主角"。个体在社会活动中不仅表现为对象化的存在，还在学习、工作、休闲、交际等具体事件中处于价值判断并形成固有观念的过程中，对客观事物的主观感觉、判断和评价体现每个人的心理素质与意识特质。苦闷与欣喜、失败与成功、痛苦与幸福等相对立的状态时常相伴出现，使个体的认知能力和掌控能力随时都呈现出动态变化的样貌。个体应具备坚强的奋斗意志和应对艰难处境、突发问题的应变能力。

一方面，引导大学生具备敢为人先、努力拼搏的主动精神。生命教育的目的之一是引导大学生具有主动适应各种变化的能力，并坚定不移地去追求丰富的生活内涵和生命价值的最大化。任何时空内的客观条件都在快速变化，大学生要主观上向着理想的目标奋发努力，始终持有乐观向上、富有正能量的积极态度。变减法为加法，从而为跑得更快、飞得更高"赋能"。生命价值增值和人生目标的实现靠的是宽容的胸怀和容纳万事万物的气度，有志者一定能跨越千山万水，走过崎岖坎坷的道路，在获得过程价值后抵达理想的彼岸。一个理智的奋斗者总是善于做学习和工作中的减法，减去多余的负担利于跑得更快、飞得更高。从另一个侧面而言，做减法的过程实质上是在做加法，为跑得更快、飞得更高"赋能"。大学生作为在社会生活中有能力做"主角"的生命个体，与"配角"及合作团队用生命演绎每时每刻的戏份，一定要经历追求收获与失落、欢乐与烦恼、成功与失败的考验。但是，收获、欢乐和成功实际上并非完全为了实现自我，而是在更广大的意义上关乎"配角"、团队及社会影响。生命教育的主导方向，是引导大学生在生命的每个阶段做

"最精彩的演出"。尽管他们的未来无法预测，但是会有能力把握好"现在进行时"，成为生活舞台上得心应手、统御全局的"编导"。教育大学生吸取前辈的成功经验，学习传统文化中的人生精华，继承红色精神的生命主旨，就能够很好地驾驭、支配自己的学习生活，让人生在青春时期绽放绚烂之花。

另一方面，善于构建积极向上的自我评价应对挑战。从事生命教育的教师要本着肩负扶持、培育下一代的使命，帮助大学生努力去丰富生活内涵，尝试人生路上新挑战，在有限的青春时光中拓展生命的宽度。尽管人生道路上的沟沟坎坎是不可回避的，但要持有积极上进的思想观念，适时调整自己的心态和行为。对于难以承受的学习上或生活上的压力，要想办法克服、缓解、排除，不能像那些心胸狭隘的人一样被消极情绪主导，甚至做出了自寻短见的行为。大学生面对学习或生活中出现难以忍受事件或遭遇，要在思想意识的深处构建起积极向上的评价判断标准，并以此来应对问题。以时不我待的视角看过去，艰难险阻终会变成激励自己的精神动力，只要充分发挥自身的巨大潜能并寻求他人或社会的帮助，一定能克服困难迎来希望的曙光。

三、伦理价值领域，悦纳自身帮助他人

伦理价值观领域主要是悦纳自身的同时又能帮助他人，探索出适应社会的良好自身发展状态。沂蒙人民正是凭借公而忘私、乐于奉献的价值取向构成共产主义思想大厦的组成部分。引入无私奉献、顾全大局的价值取向，使学生悦纳自身又能帮助他人，探索出既能适应社会又能使自身良好发展的状态。现今，在社会这一大环境中生活的人们，具体的人文环境和个人生存、教育背景皆不同，对生命价值和人生意义的理解也不一样，因为每个人所走的人生路径不尽相同，所以人生追求也不可能相似或相同。尤其是大学阶段，在自我意识方面亟须证明自身的社会价值，急于投身社会创造生产价值实现就业梦想，但是在校园期间仍有较长的几年时间需要磨炼自身本领，在物质层面有较少的空间可以用来进行"职业投资"和"梦想投资"，因此需要平衡物质和精神的双重需求，抓住人生奋斗的主要矛盾。生活的创造性意义实质上

是生命质量和价值的体现。而生活的创造性意义就是个体在本能及精神、意识的支配下，通过满足欲望进而享受生活的过程。个体的欲望看似如同无法填满的载体，若物质性满足不能与人之道德品质和精神境界提升相适应，生命价值和人生意义都将是竹篮打水一场空。无可否认，个体的欲望是激发其不断奋斗、获得快乐和幸福的助推剂。人若失去了对理想信念的追求以及社会对其自身成就的认可，那么生活会变得索然无味，人生道路也会变得暗淡无光。

因此，大学生们需要通过引导来找到物质生活与精神生活的最佳结合点，一方面，应充分认识精神需要高于物质需要的时代属性。物质生活主要表现在维持生命或保持生命品质的物质消费行为，而精神生活既包括对精神产品的消费过程，也包括精神领域的各种活动。随着人类社会文化和科学技术水平的快速提高，人的物质生活需求与精神生活需求相比呈现出下降的趋势，而在精神生活需求与物质生活需求相比则呈现上升的趋势。人们对与时俱进的知识文化的渴望，对创新创造的推崇，对事业成就感、影响力的重视和倡导超过了以往的任何时期。

另一方面，深悟财富增加与生命意义权重的利弊取舍。生命教育固然不会忽视物质生活水准的提升对生命价值实现的影响，因为物质是生命存在、智力能力发展的基础。但是，生命教育更应该把精神生活置于知识成长和生命意识强化的重要位置。如果其精神生活跟不上时代的要求或荒芜一片，一旦出现不求新知、不关爱他人、心灵境界极低的状态，难免会导致其贫乏的精神世界扼杀物质生活的生机和未来，生命的无意义感、无价值感同样会也在其人生中的特定时期奔突而出并由此导致心理痼疾，更有许多案例表明，单一财富的增加，并不会仅仅产生生命意义的增值，反而很多时候会因为情感和情绪缺乏安全感、成功的喜悦缺少分享的对象、危急时刻缺乏社会支持手段等，充满了空虚无助的漂泊感与心理无助感。

最后，掌控物质生活与精神生活之间的平衡关系。许多人关于物质生活与精神生活之间的平衡关系还存在一种不正确的认知，即以"苦行僧"的心态过分强调精神生活的作用，蔑视和贬抑物质生活的重要性，片面地认为物质生活的丰富会妨碍、降低精神生活的层级。事实上，平衡好物质生活和精神生活是很重要的一个辩证关系命题：在实际生活中，需要清晰的生活目标、从容不迫的生活步调、高执行力的生活计划和常反思的生活觉悟能力，才能平衡好这一重要议题。这不仅能充分体现出人类智慧的优越性，还能通过促进文化、精神生活的快速提升，使个体或群体的生命价值、人生意义得到强化。辩证唯物主义认为物质基础决定上层建筑，外界客观事物对人的感官刺激会引发、促进人的思维能力发展；物质和意识的双重作用给人带来精神与心理的愉悦。生命教育的意义在于使大学生找到物质生活与精神生活的结合点，并以物质生活的丰富性来促进精神世界的多向度发展；以精神世界的成就来引导物质生活走向更高的层级，使大学生的身心在物质和精神两个层面皆获得良好的滋养，生命价值和人生意义皆得其所，以平衡美体现真正快乐幸福的人生。

综上所述，作为新时代的青年学子，每个个体都要以感恩的心态看待生活的馈赠。社会中每个个体都不是孤立的存在，都在享受他人的服务和社会化的生活。必须建构正确的"三观"和客观看待生活环境的智慧，既善于将自身的环境条件与他人进行横向的比较，也善于与自己过去的认知能力和生活样貌进行纵向的比较，由此来确立自己的人生定位和社会环境因素所产生的影响，以肯定自我、拥抱生活、感恩他人和社会的态度迎接未来的挑战。无论遇到什么情况或遭遇怎样的意外都不抱怨、不消沉，珍视自己所拥有的现在，不因他人的优势而自卑，努力去做一个单纯、快乐的奋斗者。大学生在经过生命教育以后，能够从实际生活状态出发进行人文观念转化、道德品质的升华，促使学业的进步，从而在创新意识和创造能力强化的过程中感受、热爱、享受美好的青春。

第二章 大学生要认识到生命价值在于精神闪光

个体的物质生活严格地遵循物理时间的一维向度。通俗地讲，就是人所从事的各种物质化的活动过程、内容等都在发生后就已经完全结束，不能回到原来的时间段进行重复。无论是世界的哪个人所处的地位高低，其经历的物质性活动都仅此而已。

第一节 从物质活动的"即死性"研究精神生命的永恒性

人类的物质性活动遵循"即死性"的规律。但是，人类的精神活动则完全不同，即个体思维活动完全可以复制过去的生活情境，实现对物质性活动的时空超越。

一、精神"不死性"对物质活动"即死性"的超越

当人的意识、精神活动凝聚成物化的精神产品以后，便刻上个体从肉体到意识、精神的深刻烙印，以实现超时空的物质存在并得以传播或传承。人通过意识、精神活动创造的产品能实现活动的永恒性存在，这即是意识、精神活动的"不死性"对物质活动"即死性"的超越。

物质活动的一维向度使人们常常感到彷徨和无助。时间的流逝不可阻挡、生命不存在可逆性，非常使人容易落入抓不住生活实质性内容的困境。高校生命教育是使大学生从现实的物质性活动中拔群而出，从人的意识、精神活动存在永恒性这种性质出发，实现生命价值和人生意义的超越。个体如果在认知层面理解意识、精神活动存在的普适属性才能找到生命的真谛，不会沉迷或执着于金钱、财富的获取及物质享受，而会积极地追求精神、品格的构建，以提升生命价值和人生意义获得存在的永恒性。

（一）个体生命凝聚到精神中实现永恒

一切物质层面的东西，如金钱、房屋等都是易失的存在，却成为许多人的最终价值追求，但是，这种追求穷其一生也无法使其获得生命的超越性价值。因此，在人类已经物质极为丰富的现代社会和未来社会，人们将在现实生活中把主要精力投入到创造与创新，把珍贵的个体生命凝聚到精神类产品中实现永恒。比如进行科技创新、创建新的学说或思想体系、建立丰功伟业等。当有限的个体生命不可避免地消失时，这些包含心血和智慧的创造和创新便能够使其生命刻上永存的印记。

（二）物质丰富、精神空虚是备感困惑的根源

1908 年诺贝尔文学奖获得者、德国哲学家鲁道夫·欧肯（Rudolf Christoph Eucken）对生命的本质曾做出准确的论断。他认为，现代人比任何时代都更加繁忙，并享受着比以往任何时期都更加丰裕的物质生活。但是越来越多的人备感失落和困惑，觉得没有真正意义的快乐和幸福。这种现象充分证明在人的意识里有一种东西，独立存在于身体及其外在的物质性活动，始终在寻求、体验和评价生活以及生命的真谛，简单地说，它的功能是使人感到失落或者充实。这个东西是什么？就是我们内在的精神生命。鲁道夫·欧肯的这段话揭示了人的意识、精神活动具有超越物质生活的意义。①

中国古代思想家追求超越物质生活的精神境界就在于注重取得意识、精神活动成就。他们认为，在平常的物质生活中能做到视天地万物为一体，便

---

① 朱俐俐：《为生命的哲学：奥伊肯精神生活哲学观念简述》，《文教资料》2013 年第 29 期。

能够在精神生活中感受到意识、精神的生生不息。儒学所倡导的"生死齐一"的人生理想，指的是在精神层面所进行的个体与他人、个体与人类的存在的永恒性，使智者的人生具备终极价值，而实现的路径则是儒家所倡导的"修身齐家治国平天下"。[①] 如此一来，人们就可以在日常生活中孜孜不倦地超越物质生活或享受形成的精神羁绊，达到人生过程中的个性品质与精神存在的有机融合。人之意识、精神生活达到至高至圣的层级便死而无憾，这样就实现了人生的最高理想。

（三）做到超然物外，个体生命提升为精神存在

意识、精神活动产生的物化结果能够超越时间和生命限度并实现永恒。针对这种超然物外的生命意义认知，中国古代的道家就已经阐释得非常明确。道家倡导不以物累形，不以事拘心，既不要孜孜不倦地追求占有和享受，也不要为世俗事务所拖累，达到生无所喜、生死齐一的境界就能使个体生命从身、心、灵的百般叠累中超拔出来。如此超脱，便能够实现死无所悲，直接把个体的肉体生命提升为意识、精神存在的价值考量。

中外思想体系研究都给出这样的结论：个体为了超越物质生活的黏缠应该重视自己的意识、精神活动的影响。引导大学生平衡好物质生活与精神生活在展现生命价值上的关系，引导、教育他们不沉迷于物质生活的追求，把更多的精力投入意识、精神活动的价值认定和考量中，是知晓生命真谛后用行动改变自己的生存方式的一种智慧所在。

二、正确对待人生挫折与磨难

无论什么人，面对磨难都可能在精神品质上产生两种结果，一种是在磨难中得到身心的锤炼变得更加果敢坚强，增强了战胜困难、取得成功的信心；另一种是向磨难投降，从此一蹶不振，甚至精神崩溃、万念俱灰。大学生将如何面对人生道路的磨难是高校生命教育最重要的内容之一。

---

① 郑晓江：《生命教育》，开明出版社，2012，第42页。

（一）磨难考验状态易使精神处于"生存与毁灭"的境地

何为人生道路上的磨难？无非是事业、爱情、家庭、生活上的挫折与身心难以承受的痛苦以措手不及之势迎面袭来。挫折就是人生道路上经受的困难、阻挠和失败。作为个体在一生中遇到挫折是不可避免的，尤其事业心、上进心非常强的大学生，在突发事件超出预设的底线时压向自身的灭顶之灾就形成了磨难与挑战。对于学生而言，学习成绩下降、高考落榜、受到严厉的处罚和生活落入困境的打击；当步入社会以后突然遭遇求职受挫、职场发展不顺甚至因意外事件导致触犯法律；当工作、生活中处于受挫、被打击的状态并由此产生特别难以承受的痛苦，便处于经历磨难考验的状态，必须以无比坚定的毅力建立对未来的希望才得以成功应对。

人生道路所经受的困难和磨难无处不在、无时不有，只是境域、种类大同小异而已，而困难和磨难过去后的结果亦大相径庭，有人在磨难中沉沦后一蹶不振，有人因无法承受磨难带来的打击而结束生命，自己虽然一走了之，却给他人造成痛苦、给社会文明带来负面影响。但是，在人类文明进步的历史上，正是因为有许多人运用生存技巧和迎难而上的智慧，巧妙地化解了危机，击退了磨难的打击而取得完胜的结果。正所谓"不经一番寒彻骨，怎得梅花扑鼻香"。对于任何人来说，几乎没有一帆风顺的道路可走，任何一种成功都是在经历挫折、战胜磨难后取得的。因此，那些战胜磨难的强者为人类树立起精神坐标，并推动了人类社会的发展。

（二）人生过程实相：找到从磨难中突围的办法

大学生个体要想在将来有所成就，就必须要想方设法找到实现人生理想的最佳路径。认准一个方向就要百折不回、克服遇到的各种困难向前奔跑，不能一有不顺就抱怨命运不公、就改变初衷。要对磨难形成的不可抗拒环境因素进行分析研究，找到突围的办法，如果出现自己暂时无法改变、无法突围的情况就要以接受、承认的心态去面对，反思自身的不利因素加以修正，努力改变自己主观认知上存在的问题，以吃一堑长一智的智慧走过艰难险境。尽管有时会因为有所损失推高了达成目的的"成本"，也不应当产生回避、退让、认输的懦弱心理，相信自己有超越各种艰难险阻的能力。每个人都具有克服困难的本能，这也是人类得以不断进化的本生能力。

（三）将人生目标与时代发展有机结合

高校生命教育的职能就是引导和教育大学生确定正确的人生方向，清楚自己怎样去实现人生目标，以增加生命的宽度，体现生命价值和人生意义，使大学生既有能力为自己设计人生的大目标，也可以客观地了解生活中的现实期待，为自己的每一项选择负责到底。大学生在独立生存中培养处理问题的超强能力，在面对人生的任何状况时都能够主动承担责任，在困难、磨难面前表现出应有的气概和胆识。

大学生通过生命教育系统课程的学习研究，学会透视自己的个性、兴趣、特长和实现目标的优势，通过深入学习和经常实践锻炼发掘自身潜能、增长才干；通过分析问题和解决问题的综合能力的强化，在面对困难和磨难时找到战胜的武器并接近希望的曙光。无论身陷危境还是困难重重，都不能把自己当成生活的受害者、命运的弃儿，应以足够的机敏和智慧有效躲避意外伤害或将伤害减至最低。

人类无论个体还是群体生活本身，就是战胜磨难、在挑战中取胜的过程。如果在青春时代没有自信心、没有开拓人生宽度的行动，那就成了真正让自己在挫折和磨难中陷落深渊的推手。高校通过生命教育让每位大学生懂得，在遇到挫折和磨难时不要怨恨他人，也不要怨恨自己生不逢时，更不能怨恨所处的客观环境和不利于自身奋斗的客观因素等。要注重改变自己对客观世界的认知能力，从主观上改变自己的思想品质来适应环境条件，着力创造利于实现理想、目标的有利环境，顺应客观规律并做到实事求是，做到将人生目标与时代发展需要进行有机结合，成功的美景就会离自己越来越近。

（四）接受并转化生活中的磨难

每位个体生命要走的道路都呈现有起有伏、高潮低潮互相交替的波浪状样貌。幸福与不幸、欢乐与痛苦、顺境与逆境相互交替着呈现在人生的不同阶段。

大学生面对挫折、磨难带来的困惑和迷茫时必须明白，自身感受的失落和痛苦以至无法接受的心灵伤害，其惨烈程度也许远不如其他人，以这种大视角进行比较时心态就会变得开朗，能够承受并主动化解自己所遭遇的失落或痛苦。人生道路既然是起伏不定的，顺境与逆境、幸福与痛苦、快乐与悲伤也必然处于动态变化之中，正如古人所说"祸兮福所倚，福兮祸所伏"，事物的发展达到顶点时总是向相反的方向转化。人生落入低谷时，一定要坚信必会有高潮迭起的时刻到来。以"所有的过往都是序章"来审视人生道路，无论是低谷还是成功都会留下宝贵的经验或教训，为以后的奋斗历程提供借鉴和参照系。吸取这些教训可以避免将来落入低谷或遭遇更大挫折，而经验可以使未来之路走得更加顺畅。人生之路本来就是修炼的旅程，将挫折与痛苦变成激励才无往而不胜。

生命教育课程体系构建的重要内容就是引导和帮助大学生在挫折教育、苦难教育中增强抗压能力以及面对挫折和磨难的信心和勇气。教育大学生内生良好的适应心理，将获得的超强能力很好地贯穿于生活实践。因此，高校从事生命教育的教师必须引导大学生充分认识到挫折的双重性意义：既有坏的一面，也有好的一面。挫折、磨难虽然使自己的身心饱受煎熬，某种意义上讲是坏事，但是，挫折、磨难又能使身心得到锻炼，积累人生最宝贵的经验和培养良好的应变能力，这就说明所经历的坏事变成了好事。

三、珍惜生命，树立迎接人生挑战的信心

生命只有一次，时间只有一维的属性，珍惜时间就是珍惜生命。在人生的旅程中总会遇到各种各样的挫折和磨难，扛过去了，前面的道路更加光明宽广；扛不过去，就将停滞不前或落入低谷。每个人以偶然的方式来到世界上，以必然的方式经历苦乐和悲喜，这就必须要珍惜生活的每一种给予和回馈。

高校生命教育要着重培养大学生应对意外事件、转化逆境的智慧和能力，以奋力战胜挫折、超越磨难获得成功时的幸福与快乐。通常情况下，个体面对挫折和磨难有三种不同的态度和方式：一种是弱者心态，首先选择逃避或

退缩，或在挑战来临时裹足不前。以消极的态度面对挫折、磨难和突发事件，必然会以人生命运悲剧收场。另一种是因信心不足而成为半途而废者，这类人在开始时能够乐观地面对困难、挫折或磨难，但当发现困难不好战胜时就驻足不前或选择了逃避。其实要是咬咬牙硬扛过去，就可以避免悲剧发生走向光明结局。还有一种就是以强者的心态、足够的智慧战胜困难，最后到达光明的彼岸。可想而知，经受前面两种命运的是大多数人，只有第三种勇敢地面对生活的挫折、敢于发起挑战的强者，在获得成功后继续寻找人生攀登的高峰，一步步实现更高的目标，成为大众眼里的成功者并实现人生价值的最大化。

第二节 生命教育建构大学生正确的生命价值观

大学生常常处于困惑、迷茫的精神状态之中，显然，建构正确的生命价值观念已成为当代大学生急需解决的重大问题。高校生命教育理论研究，重在培养大学生独特性的生命价值理念和人生意义观念。

人生道路充满复杂性和曲折性，导致有些人很难认识到生命价值的真正内涵。生命既包含从孕育、出生、成长到衰老的毕生发展的生物学意义，又具备不同于其他物种所特有的人际交往和社会沟通等重要的社会学意义。尤其是大学阶段，不论从心理独立性发展、认知成熟度发展和就业技能发展的层面上，都是奠定社会生存和交往能力的重要时期。这一时期既充分体现出大学生目前的心理发展特征，又能预测将来走向社会后的事业及发展走向。

一、理解生命属性，提高生命价值认知层级

个体的生命可分为生理生命、社会生命和精神生命。纯粹的生理性生命

比较易于识别和分析研究，可以从血缘性、族群性、地域性的差异来入手。因此，生命价值、人生意义的获得必须以生理生命为基础；树立正确的世界观、人生观、价值观的前提是要对生理性生命持有珍惜、爱护的态度，也要尊重和敬畏他人的生命。在激发自己最真实、最强大的生命力的同时，与他人和谐相处、友好共存。虽然每位个体的生理生命无法自行选择，但可以通过后天的努力掌控自身的发展规划。高校生命教育就是要引导大学生学会为自己的人生负责，珍惜生命的拥有、感恩生活的给予。最应做到的就是在现实生活中珍爱自己的生命，充实自己有限的时间、拓展生命的宽度，懂得承载生活的苦与乐，努力做生活的强者和理想信念的追求者。

另一方面，要将自我属性和价值追求融入社会大环境中，与社会中形形色色的群体进行信息、感情、思想等方面的交流，以维持社会生命、超越性精神生命的存在属性。个体生活于社会环境中，与所在社会各类的组织、机构形成复杂的关系，并因此具有社会性的人文特性。个体生命不可能脱离社会环境条件的特点而存在。所在社会构成个体生命的生存基础，人文环境是个体生命极为重要的组成部分，因此个体因具有社会生命的属性，而具有可考量的社会生命价值。

当个体从上一代的基因遗传中获得新生命时，也继承了所属社会关系的文化属性。个体存在于生物学父母的关系之中，在固有的社会文化背景中成长，在原有文化传统的基础上不断激发社会创造力，为人类社会的发展、文明的进步作出贡献，这是个体所要承担的社会责任，也是人类作为特殊物种进化的必然要求。但是，正所谓社会是多元化的，人的生命形态也是多元化的。有的人具有比较严重的孤僻、厌恶社会心理，在集体、团队中与人相处时显得格格不入，更不想承担推动社会发展的责任和义务；有的人只想享受现有的社会文明发展的成果，没有上进心，对增加社会物质财富和精神财富敷衍了事。这两种人对生命价值、人生意义缺乏正确的认知，最终可能因为社会生命的终结而被淘汰。

高校生命教育要促进大学生意识、精神的成长，认识到自己的生命虽然源于天地自然，但个体选择人生道路时要依据原生家庭、社会环境背景以及特定的民族和国家文化等各方要素，遵循文明发展的规律，在继承与创新中成就个体自身的生命价值。个体生命既存在遗传的差异性，也存在因成长时期所处文化背景、环境条件的不同所造成的差异性。大学生通过学习生命教育，加深对人生价值和生命意义的理解与认识，努力追求多姿多彩的生活，与社会群体形成积极且多样化的关系，有助于个体在学业、事业等方面的发展。如果大学生在思想观念、言语行为上能够考虑到个体差异，在现实人生中不苛求一己之私，就可以说，其在服务社会的过程中提升了生命价值、人生意义。

二、兼济天下，传统文化赋予生命教育的责任和义务

（一）"修齐治平"目标的实现，成为生命价值判定的标准

一般而言，价值的判定方式有两种：一是以个体本位判定生命价值、人生意义；二是以社会道德、伦理规定的价值尺度来判定生命价值、人生意义。在中国传统文化中，儒家所倡导的生命价值、人生意义建立在"修身齐家治国平天下"的层面上，生活的全部意义在于"修齐治平"目标的实现，这也是作为个体评价自身是否成功的标准。"修"与"齐"是伦理本位的人生价值确认；"治"与"平"是本体本位的生命价值确认。同时，古代先贤倡导的"天下大同""人人为公"的思想，其中蕴含着共产主义的思想。但是，这种境界对世间大多数人是高不可攀的美好理想。

每一个个体都拥有社会生命并肩负责任、义务和使命，自然生命的健康成长、社会生命的美好光芒以及超越性精神生命价值的实现，是需要个体生命始终面对的课题，个体与自然、社会建立起的和谐关系，将会为人生道路、毕生的理想奠定良好的基础。反之，若个体与他人、团队、社会、环境产生摩擦，没有崇高的人生理想可为之奋斗，便会容易处于茫然、失落、无助的困境，既不利于个体自身的发展，也会对社会的文明带来不利的影响。

（二）生命品质不以物质占有和位置高低作为评价标准

传统文化中约定的人格高洁、志趣高雅的"君子"风范并非体现于"贫"与"穷"，而是无论处于什么样的经济条件下都要恪守正确的"三观"，遵守社会伦理道德、法律法规的要求，尽最大智慧和财力承担社会责任、义务和使命。《爱莲说》中最著名的句子是"予独爱莲之出淤泥而不染，濯清涟而不妖，中通外直，不蔓不枝，香远益清，亭亭净植，可远观而不可亵玩焉。"将莲花作为"君子"风范的象征，取其情致的清香淡泊，既与道家所尊奉的"隐者"不同，也与世人所追求的"富贵"区别开来，人生价值标准定位于"隐者""富贵"相综合的维度，不提倡《孟子》所言"为富不仁矣，为仁不富矣"的对立观，而是提倡生命个体在实现人生价值时选择正确的途径，即不能以不仁的手段去追求"富贵"，而是在遵循人伦道德、社会规范、法律法规的要求下规范追求"富贵"的方式，做到社会发展与个体价值实现相协调。因此，在人生价值追求方面，不能把"无欲则刚"理解为不怀任何欲望的"刚"。应将"无欲"确认为舍弃贪欲和贪婪而保持的"君子"人品高洁、志趣高雅的风范，在为人处世、商界打拼及政界谋业时坚持正确的政治方向，不断促进生命品质和本真性情的提升，才会因事业成功获得真正的人生价值与生活的快乐幸福。

如果个体从事自己感兴趣的专业、事业或投入体现社会生命价值的活动，在心情舒畅的状态下提升超越性精神生命的价值，就可能实现真正意义上的美好幸福的人生。如此人生选择，可以把生活的快乐与生命的幸福有机地统一起来，创造活泼生动、积极向上的人生拓展空间，建构情趣高雅、活力四射并充满价值感的精神生命意境，以有限的人生提升了人生意义与生命价值。只有个体生命达到传统文化中"天人合一"的高妙之境，与自然界的万事万物和谐共生，才可能获得人类社会文化进步、文明发展的高峰体验，以此体现个体生命的完美历程和超越性精神生命的永恒价值。

三、生命教育引导大学生确立正确的幸福观

每个个体都希望从生命长度的有限性之中去寻求幸福的无限可能，亦即

在有限的人生中去追求精神生命的永恒价值，这是具有崇高人生理想者所追求的终极幸福所在。

（一）优秀传统文化中汲取生命养料

明确生命价值的大小、追求价值最大化是必然的选择。这种价值使命赋予了大学生追求人生目标的动力，在奋斗的历程中感受到真正意义上的成功，体验到并实现自我价值的快乐和幸福。一般而言，价值的判定方式有两种：一是以个体本位判断生命价值、人生意义；二是以社会道德、伦理规定的价值尺度来判断生命价值、人生意义。在中国传统文化中，儒家所倡导的生命价值、人生意义判断建立在"修身齐家治国平天下"的层面上，儒家所倡导的生命价值、人生意义判断标准，要求个体生命消弭私欲，培育、遵守社会公德，促进人与人、人与社会的和谐有序发展。生活的全部意义在于"修齐治平"目标的实现，这也是作为个体评价自身是否成功的标准。"修"与"齐"是伦理本位的人生价值确认，"治"与"平"是本体本位的生命价值确认。传统文化中约定的人格高洁、志趣高雅的"君子"风范并非体现于"贫"与"穷"，而是无论处于什么样的经济条件下都要恪守正确的"三观"，遵守社会伦理道德、法律法规的要求，尽最大智慧和财力承担社会责任、义务和使命。

（二）保持生命历程的方向感与丰富性

人类社会中由于许多人缺乏信仰，难以应对死亡所带来的恐惧、痛苦与失望，因此，需要从自然生命与精神生命的属性方面构建正确的生命价值体系，从而使生命历程保持良好的方向感与内涵的丰富性，以达到构建生活内容的丰富并找到生命幸福之根本的目的。最早从事生命教育研究的郑晓江教授认为，用健康为代价换取身外之物是人生之误，用生命为代价追逐虚无之利是人生之悲，用过度担忧与焦虑弥补自己的过失是人生时光的浪费。[①] 这段话以非常简洁明了的语言讲出了个体生命摆脱烦恼，获得快乐幸福的重要方式方法。

同时，应自觉寻求精神永恒的精神境界。司马迁《史记·报任安书》言：

---

① 郑晓江：《生命教育》，开明出版社，2012，第12—20页。

"人固有一死，或重于泰山，或轻于鸿毛，用之所趋异也。"可以解读为自然生命轻于鸿毛，精神生命重于泰山，就是"之所趋异"最好的解读。民族英雄文天祥所尊崇的"杀身成仁，舍生取义"的人生观，以及"人生自古谁无死，留取丹心照汗青"的生死观，以不朽的民族精神获得了精神生命的永恒。生命教育的主要任务就是使学生加深对超越性精神生命的认知，任何个体都生活在特定的社会环境中，与其他人和社会组织、机构结成各种人际关系。超越性精神生命的存在，使生理性生命的属性有了更广阔的时空延展，既可以使人追溯到亿万年之前人类的足迹，还可以前瞻千百年之后的未来前景。如果仅以生理生命的局限丈量自己的生活，无异于将人的生命等同于动物的生命，没有将社会生命和超越性精神生命的价值放到应有的位置进行规划和考量。然而，个体所应具有的人文性生命的存在与生理性生命的存在并非同步。作为个体生命在社会中生活数十年，人与人、人与组织和机构间形成了非常复杂关系，意识、精神活动所产生的结果仍可以产生重要影响。中华五千年历史中的有志者，在满足生理性生命之后都自觉实现社会生命、超越性精神生命的价值。当他们的生理生命终止后，社会生命、超越性精神生命还在延续。因此，个体的精神生命的死亡与生理性生命的死亡并非同步。

（三）生命品质须平衡物质占有与精神追求

个体在获取物质生活资料之外是否还有更多的精力从事意识、精神活动或者有能力创造用于文化发展和具有精神导向的产品，是生命教育需要探索研究的重要课题。个体在具有一定的生活品质后，以充沛的精力从事具有时代意义或创新性质的意识、精神活动，站在推进文化发展和文明进步的高度，处理人与人之间、人与自然环境之间、人与社会之间的关系，为社会和谐发展作出应有的贡献，是提升生命品质的必要条件。有的人为了获得基本物质生活的保障整日劳作，没有时间和精力从事意识、精神层面的活动，其生命品质很难取得提高和进步，生命价值在精神层面的体现就相应较低。有的人能通过劳作获取相当优渥的物质生活资料，并有充沛的精力时间从事意识、精神层面的活动，生命品质不断得以提高，甚至取得可观的成果。生命品质的考量不以物质占有多少和位置的高低作为标准，而是以超越性精神生命层级划分作为标准。

将生活品质和生命品质的提高统一起来，以实现超越性精神生命建立理想的基础，如此人生道路的选择是最明智、最有远的做法，高校生命教育要引导大学生走向两者并重的人生之路。个体从事自己感兴趣的专业、事业或投入体现社会生命价值的活动，在心情愉快、形体舒畅的状态下推升超越性精神生命的价值，就能实现真正意义上的美好幸福的人生。如此人生选择，就可以把生活的快乐与生命的幸福有机地统一起来，创造活泼生动、积极向上的人生拓展空间，建构情趣高雅并充满价值感的精神生命意境，以有限的人生长度提升个体的人生意义与生命价值。个体生命达到传统文化中"天人合一"之境，与自然界的万事万物和谐共生，才能获得人类社会文化进步、文明发展的高峰体验，以此体现个体生命的完美历程和超越性精神生命的永恒价值。

（四）命运不遂心愿，更要珍爱他处的美好事物

个体参透死亡的即时性和生命的不可重复性意义，立足于生命的终点审视人生的整个过程，才能更好地珍惜自身生命、热爱当下生活。个体只有及早确立正确的奋斗方向与目标，才可以在短暂的一生中创造出更大价值和意义。生命教育引导大学生建立合情合理的人生目标，即可做到"勤奋耕耘，收获丰硕"。但是，也必须看到有些人在追求人生理想的过程中没有实现既定的目标，受到了严重的心灵打击或留下难以修复的创伤。高校生命教育重点更要引导大学生即便遭遇了命运不遂心愿，也要改变逆境躺平的认知，在危机中发现契机，在压力中寻求动力。要明确生活幸福既是感官的愉悦，也是客观世界的美好馈赠，是人生目的、意义实现时的一种良好的生存状态。《孟子·离娄下》言："人之所以异于禽兽者几希；庶民去之，君子存之。"从人的意识、精神活动价值范围上，强调了"几希"的现实性意义：如果人生追求仅仅停留在满足饮食起居方面，就很难获得意识、精神活动的"几希"成果。因此，大学生要成为人生定位较高的个体，需要追求真、善、美，获得精神生命的不朽价值，从追求生活幸福到追求精神生命价值，由此获得完美的人生之旅。

第三节 充分认识超越性精神生命的核心意涵

关于人的生物学生命和精神生命的关系，曾在相当长的时间内出现各种说法。有哲学家认为将精神生命看作是自然生命和社会生命凝聚而出的一种超越性的生命，这种观点引发了一些质疑和争议。后来德国哲学家鲁道夫·欧肯为人的精神生命超越性给出了明确的概念确定，认为它是独立于物质生活的一种意识存在。人类的精神生命与动物最大的不同，不仅在于记忆能力和刺激性反应，还在于运用组合的意识、精神对客观事物进行价值判断，以及人所具有的研究、分析、反省、思考主客观事物的智慧，具有继承、创新人类文化与文明的功能。最重要的一点是，人的超越性精神生命是不能单独存在的，可以通俗解读为"没有肉身，何来精神"。超越性精神生命必须以生理性实体生命、社会生命二者为基础，于特定的意识空间中发育、成长并逐渐成熟起来。

一、超越性精神生命推动人类文明的发展

人与人之间在思想观念、文化素质以及教育背景、遗传因素等各方面的不同，形成了人生道路、生活方式的不同。超越性精神生命是人区别于动物乃至一切生命体的本质所在，是人类不断改进现有生产技术，通过创造性思考和劳动不断迭代科技创新，进而使科技变革带来教育方式的创新、思考方式的更新和生产生活水平的便利。

人类所具有的这种超越性精神生命是一个强盛的动力体，具备继承发展的独特性和延续性，能够在自然界之外创造出一个前所未有的物质世界和精神世界，具备发展文学艺术、文化教育和科学技术、政治经济等社会功能。正如人类创造越来越丰富的物质产品以满足层级不断升高的生理生命的需要，

人类创造的精神产品满足人类不断升高的社会生命和精神生命需要，使得人类社会的生活从物质和精神两个方面的品质得到提升和发展。

二、超越性精神生命的价值在社会机制中实现

个体生命的宝贵价值存在取决于社会生命与超越性精神生命两个维度的发展并取得卓越的精神成果。如果仅仅从人的自然生命进行分析研究，其价值显现是非常有限的。超越性精神生命不仅体现在社会层面上的普遍性，也体现在内在属性上的普遍性。超越性精神生命是在个体所处的社会生命的环境下实现机能的运行和发挥作用，因此具有社会层面上的普遍性。个体的超越性精神生命的创生和成长得益于文明、文化的发展与滋养，其内在属性也具有普遍性。简言之，个体的超越性精神生命的创生和成长也是在对具有普遍性知识的学习、研究、利用、创新的过程中实现的，即超越性精神生命的价值只能在社会生命的机制中实现，以人的身心得到滋养和成长为判断的权重。所以，在人的一生中，对人类社会的风俗、知识、文化等的学习、研究和内化是其超越性精神生命成长的必要条件，是人之所以成为人或具有专业创新者最重要的特质。由此可以得出结论：终身学习是精神生命成长及发展必不可少的基础，也是实现生命价值和人生意义的必备条件。

三、超越性精神的生命价值教育意义

人的超越性精神生命在其运行机能方面同样具备生理机能的特点，是一套具有摄取、吸收、消化、除废功能的组织系统。与生理机能处理物质的方式不同，超越性精神生命在运行机能上处理的是人类文明发展的成果或结晶，产出具有创新性的思想、观念、道德等，并外化为文学艺术、科学技术、文化教育等精神产品。

针对生命教育的深入和发展中存在的问题，南京师范大学冯建军教授认为："对生命教育的理解，必须跳出工具层面，而深入到生命的本体层面，致

力于生命全面统整的发展。"[①] 这段话指出了生命教育的根本点应落在超越性精神生命教育方面，把侧重点放在生命安全教育、健康教育、青春期教育等几个方面，是把生命教育降为处理危机事件的教育，这本身就偏离了生命教育的目标。

高校生命教育体系确立，要在正确关爱大学生超越性精神生命思想指导下，对大学生思想观念进行正确影响和引导，使他们获得积极向上、以造福社会为荣的精神生命认知。通过对大学生精神生命的关爱和价值确认方式的引导实施超越性精神生命教育，从而鼓舞、激励精神生命带来无穷的、积极向上的力量，使他们的人生之旅在奋斗和拼搏中获得快乐和幸福。

四、个体通过学习和钻研提升精神生命的层级

从科学的、客观的角度来解读生命价值和意义，每个人都应对自身的价值进行反思从中获得启迪。人之所以被称作具有社会生命和超越性精神生命的万物之灵，根本在于从社会活动中不断地促进意识、精神的进步与发展，占据了自然界动物智慧的最高端，这也许是宇宙赐给地球精灵的最高的品质或最好礼物。个体生命努力实现社会生命与超越性精神生命的创生、成长是毕生之使命。这个过程的实现，需要个体生命根据自身需要运用人类历史文明的成果来滋养自身的精神世界，包括努力学习各种知识并根据兴趣、爱好、特长去强化精神生命的层级，努力提高创新的能力及处理复杂问题的能力。只有通过不断进取的过程，才能使社会生命和超越性精神生命变得丰满充盈，从而使生命价值和人生意义得到极大提升。

五、精神世界超越物质世界的一维性限度

物质世界对于个体而言看似是无限的，在使用上却是非常有限的；但是

---

① 冯建军：《生命教育与生命统整》，《教育理论与实践》2009 年第 22 期。

精神世界无论是个体还是对社会而言在使用上都是无限的，并具有普遍性和超越性。世界上的任何物质的自然生命都是在一维的物理时间生成、成长、再消逝。个体的超越性精神生命可在所谓的"六合"中自由往返，因为人类文化的发展，文明进步的空间是无限的，也是永无尽头的。因此，个体和社会组织必须尽可能地生产出大量的精神产品为人类广泛利用和传承。

（一）精神生命超越死亡，获得永恒价值

地球上的一切生命体，无论是动物还是植物都处于生死变化与交替之中。现在人类针对植物和其他动物的生命状态还不能确认精神活动的具体内容，但是人类能以了解自身的精神活动并以其文化发展和文明进步的方式求得精神生命的永恒价值。这主要在于个体可以在漫长的文明历史进程中的某个阶段，通过族群、社会实践活动找到一条从精神上超越死亡的途径。个体生命的最大价值就是实现超越自然生命即生物学生命的死亡，而不是一味沉浸于物质生活延续生命的过程消耗。

人类社会是一条向前奔流不息的长河，个体虽然只存在一个瞬间，但是在意识、精神方面的贡献可以创造永存文明世界的价值。

（二）生命教育实现大学生人生道路的正确选择

生命教育的目的是引导、教育大学生以社会生命与超越性精神生命的普遍性为立足点，追求文化、科技及所有文明价值的永恒性存在，即从物质生活的局限中解脱出来，去认真思考生命真正的意义与价值是什么的问题，辨识社会生命与超越性精神生命存在的真实含义及可实现的路径。如果一个大学生在现实生活中，将人生目标仅定位于无所用心或在追名逐利方面斤斤计较的物质获取上，就不能从意识、精神的维度迈向社会生命和超越性精神生命去思考所要走的道路，必然不能超拔生活琐事的困扰以及陷入道德困境或法律认知盲区，使自身失去自然生命精神生命的双重价值。

（三）大学生要以创造文明成果成就精神生命价值

个体不能仅仅将享受即时的物质快乐看作是达成健康成长的最高目标，只能将其视为社会生命、超越性精神生命的基础予以珍视。个体的生命需要将超越性精神生命发展作为最高目标，通过不断地充实文明的养分、吸收优

秀的传统文化和创新科技、文化，具备从事发明创造和革故创新的能力，在人生目标的追求中将超越性精神生命的内在潜质发挥得淋漓尽致。

大学生通过生命教育使自身精神世界不断地丰富并得以良好发展，需要形成综合性思维能力和创新性素质，才能依靠超越性精神生命生产出文明发展所需要的创新之物，才能通过意识、精神维度产生的成果或成就超越自然生命的终结而达到生命的不朽。因此，超越性精神生命的本质体现在人类文明永不止息的探索以及永不停滞的创新活动中。大学生认识到这一点并进行内化后，学习、生活、发展的困惑都会迎刃而解。

第三章 大学生生命价值、思想道德认知能力研析

个体对于生命价值、人生意义、思想道德等的认知状况是其行为表现的基础，尊重生命、善待他人、优良品德的培养是在关键时刻能做出高尚行为的重要认知基础。

第一节 大学生在生命意识与社会生命两方面认知能力分析

大学生生命意识是时代精神品格在他们心灵深处的根本体现，所要反映的是大学生思想意识进步与否、正确的人生观是否占主导地位以及将要发生怎样的变化趋势等问题。全面把握并剖析学生生命意识，能一定程度上预测其社会行为表现，对生命教育课程的内容构建有积极意义。

一、大学生思想意识对生命意义认知的影响

在校大学生的思想意识的正确性有助于他们树立起承担社会责任和履行建设社会主义强国的历史使命。多数大学生关心国内外重大事件、地区经济形势的发展与变革。只有极少的大学生对学校开展思想政治教育、生命教育、心理教育缺乏热情，如果以少数大学生思想意识消极断定新时代大学生生命

意识淡化、责任感和使命感不强，是不实际、不科学、不正确的认知判断。

（一）大学生的思想意识总体积极上进

新时代大学生中的大多数人对待开展马克思主义教育、生命教育、心理教育抱有积极态度。低年级和非文科大学生对马克思主义的学习和了解虽然缺少系统性和深入性，但是，他们有接受马克思主义教育、生命教育、心理教育以及审美观教育的要求，希望通过深入的理论学习解决对现实社会、生命价值真谛等方面在认知上、行为上出现的问题。绝大多数大学生对社会上的不正之风、贪污腐败存在不满情绪，在国家加强法治建设、反腐力度后，许多大学生对党风好转、社会环境改善、政府施政能力的加强抱有积极乐观的态度。这使他们对党的领导和国家未来发展抱有很强的信心，坚定了承担责任使命的决心，并准备将来投入火热的现实生活中做出自身的努力。大学生对只有坚持共产党的领导，国家政治经济、科技文化才能快速发展，青年一代的生命价值和人生意义才能实现最大化都持有普遍性共识。

（二）大学生的思想意识、生命意义认知明确

在国际风云变幻、全球政治生态不稳的背景下，大学生衷心拥护党的路线、方针和政策，认为改革开放的深入顺应了历史潮流、推动了国家现代化强国建设的步伐。虽然国际环境风云变幻，反华势力不甘失败，国际格局正发生深刻变化，但深入改革开放、快速发展的必要性不容置疑，深入改革开放的决心和意志不可动摇。当今学生对国家改革开放将取得更大成果充满信心，认为全面建成社会主义现代化是中国选择的正确道路，只要坚定"四个自信"、在各个方面取得快速发展，中国必将越来越强大、人民群众的生活将更加快速地得到改善。大学生具有积极进步的思想意识对生命意识的认知充分体现目的明确、态度肯定的特点，对自身价值和人生目标的实现抱有坚定信心。

（三）大学生的思想意识表现出乐观积极的特点

大学生积极上进的思想意识有助于正确人生观的形成，在平时表现出具有善良助人、勇于战胜困难的良好风范，这种风范会使学生更多地表现出利他行为和社会友好型品性。在自我约束、自我控制方面具有良好的表现。尤其是

精神饱满的青春姿态，能够在学习、生活及各种校园活动中表现出来，达到乐观向上的人生境界，并因此提高对社会生命价值的认知能力。

大学生积极上进的思想意识在舍己助人的良好习惯中得到充分的体现，而这种习惯能够反映思想意识形成的惯性记忆，真正落实他们对人本价值的尊重。思想意识对大学生一生的影响极其重要，决定了他们可能实现的人生高度，也就是思想意识和行为按时间叠加而成的效果，实现社会生命价值和超越性价值的最大化。

二、爱党、爱国是实现社会生命价值的根本要求

具有奋斗意识、进取意识的新时代大学生都能主动建立实现共产主义理想信念，认为这是个体生命价值、社会价值追求的最优选择。共产主义是人类历史发展的必然选择，它的实现存在规律性和可预见性。这部分大学生认为身处这样一个伟大时代必须具有使命担当，追求人生意义不断提升就应该积极地投身到社会主义强国的建设中去，为共产主义理想信念奉献自己的最宝贵的青春和智慧。

（一）爱党、爱国思想体现社会生命价值的时代特点

党的十八大以来，全国各高校根据党的建设和国家发展的需要，在教育体系创新中把开展"三观"教育放到重要位置，使越来越多的大学生立志于更好地为党、为人民、为社会、为国家作出自己的贡献，以此体现自身社会生命价值的时代性特点，更好地实现生命旅程中每个阶段的自我完善与心灵境界的不断升华。摒弃以自身私利实现个人价值的错误人生观，使大部分大学生在学习和社会活动中表现出努力拼搏良好素质。

（二）爱党、爱国思想融入不同时期的价值取向

高校思想政治教育融入生命教育能够促进大学生爱国、爱党、爱人民的使命担当，使他们深入思考人生价值定位和精神意识永恒性之间的关系。尽管思考人生的意义和价值是新中国成立后历届大学生讨论的热点话题，但是，每个时期因社会发展需要的不同体现出不同的内容特点。20 世纪 50 年代，大

学生把保尔·柯察金关于"当他回首往事的时候，不因为虚度年华而痛悔，也不因为过去的碌碌无为而羞愧……整个生命和全部精力都已经贡献给世界上最壮丽的事业——为人类的解放而斗争"的名言作为人生追求的座右铭；60年代的大学生把雷锋的名言"自己活着，就是为了使别人过得更美好"作为生命价值的最高追求，毕业时主动要求到祖国最需要的地方去，无论工作条件多么艰苦、生活条件多么困难，都把个人的理想信念建立在国家建设的需要上；改革开放以后，大学生把自己的人生追求融到经济体制改革的大潮中，以青春的热血绘就事业发展的宏伟蓝图；新时代大学生把个人生命意义和社会生命价值的实现与助力国家发展看作最重要的人生课题。这些具有强烈使命意识和责任担当的大学生走向各自工作岗位，努力使自己成为国家发展的有生力量，在政治经济、教育科技、文化艺术等各个领域作出了令人瞩目的巨大贡献，以实际行动体现了个体生命社会价值的实现，成为后来者学习、效仿的样板和楷模，也为高校和生命教育、思想政治教育的创新发展积累了可以借鉴的经验。

（三）爱党、爱国思想与社会生命价值互为作用力

爱党、爱国思想是人的社会行为正确性的根本保证，也是个体创造社会生命价值的力量源泉。新时代大学生只有在爱党、爱国思想的主导下才能充分奉献社会、服务他人，并在社会大环境中实现个体生命的超常价值。同样，个体社会生命价值的实现也有利于培养爱党、爱国、爱人民的责任心和使命担当。

社会生命价值的评价标准是个体劳动以及通过劳动对社会所作贡献的大小。这个评价标准具有普遍性和历史考量的唯一性。大学生的人生价值与公民个体一样是由国家、社会性质所决定，中华文明的历史和社会主义初级阶段时代特点都以个体对社会所作的贡献为标准来进行评价生命的社会价值。大学生个体步入社会生活以后，对国家发展、服务他人所作贡献越大，所实现的社会生命价值也就越大；反之，社会生命价值就越小。如果大学生步入社会生活后，在国家发展、服务他人的过程中不仅没有作出贡献，反而起到某种反向作用，那么，其社会生命价值就表现为负值。而个体社会生命价值

全无或负值时其思想意识必然处于完全崩塌的状态。

通过思想政治教育融入生命教育体系，推动大学生形成强烈的爱党、爱国思想意识。他们步入社会生活后，必然会把毕生精力用在为党、为国、为人民的现代化建设大业，同时实现个体社会生命价值的最大化并不断增值。

三、社会实践助力大学生提高生命价值认知能力

著者在与当代大学生交流时发现，多数大学生能够积极主动地把自身生命价值考量与实现中华民族伟大复兴联系在一起。他们在思想意识上都有明确认知：个体的生命价值实现在于为社会和国家的创新发展所作出的贡献，而不在于向他人和社会索取利益的多少。新时代大学生在对待个人、集体和国家利益的关系上，认为不应该把个人得失放在第一位，而应把个人、集体和国家三者利益结合起来进行考量时，以个人利益服从集体利益，集体利益服从国家利益为根本导向和行动指南。

（一）以实践能力和专业水平提高价值潜质

大学生思想境界达到一定高度时会形成明确的生命价值认知：人生最大的幸福就是服务社会并在快乐他人的同时快乐自己。在人生的理想信念树立和人生价值追求上，决心在实践能力和专业理论水平两方面不断地提高自身生命价值潜质，一步步地去实现成为精英人物和优秀人才，在所处领域发挥更大作用的人生理想，做到勇于开拓进取、精研专业知识，将来步入社会时以忘我工作、努力奋斗求索的高标准严格要求自己。

（二）大学生参加社会实践焕发爱党、爱国热情

从整体而言，新时代大学生都十分重视自身成长和成才，重视对家庭、社会和国家努力作出贡献。若干调研结果皆显示：大学生在生活上并不是仅仅追求"诗和远方"的浪漫色彩，也并非把安逸和物质享受看得十分重要，更不像那些持有偏见的人把他们看作"自私自利"的一代。大学生普遍具有非常强的成长、成才意识，加上他们对适宜成长道路认识水平不断提高、路径

选择能力不断加强，因而在高校组织的社会实践活动中能够投入很高的热情，积极主动参加各项公益活动的范围日益扩大，喜欢更加新颖活泼的活动内容、丰富多彩的组织形式。沂蒙地区高校大学生利用寒暑假参加社会实践活动的人数，通常超过70%，临沂市内高校参加社会实践的人数比例还会更高。

通过参加各种各样的社会实践活动，使大学生了解社会生活、熟悉与本专业相关的行业，并试图尽早地将自身的专业知识与生产经营实践相结合，捕捉专业发展新方向并找到改进创新的发力点，在思想意识方面逐步提高对党的路线、方针、政策的认识，开始以客观务实的立场看待自己专业能力和社会需要的适应性，加深了与社会生活环境和生产经营一线人员的感情交流，进一步激发了他们爱党、爱国家、爱专业学习的热情。

（三）社会实践推高大学生的理想信念

有一位名校的"学霸"在参加社会实践后说，以往我和许多同学一样自视清高，习惯以俯视的姿态和高仰的视角看待社会上的人和事，在互联网公司的实习生活和做冬奥服务志愿者，让我深感大学生总在书斋里读书的道路是走不通的，如果不在社会活动中摔打并进行理论和实践相结合，生命价值就很难真正地得到确认。

高校组织大学生到乡村、企业、科研院（所）及党政机关等单位参加社会实践，无疑是促进他们与社会各个机构相接触、检验他们自身能力的最好方法，更是培养他们勇担社会责任、找准人生定位的良好途径。沂蒙地区高校从事生命教育、思想政治教育、心理教育及审美观教育的教师结合社会实践，设计出最能激发生命潜能的教育方式，引导大学生从更广阔的视角理解社会生命的意义和价值，从心灵深处增强忧患意识和奋进意识，从而更加积极主动地为集体、为社会、为国家奉献自己的力量。沂蒙地区的一些高校将大学生参加社会实践活动作为课程评价的一项重要内容，注重考察他们在参加社会实践活动的过程中所获得的社会生命价值感受，使走出高校课堂的生命教育、思政教育、心理教育和审美观教育成为深度触及和启发灵魂的先进教育，不失为提升高等教育层次、创新教育模式的好办法。

第二节　影响大学生生命价值认知的思想
道德问题剖析

　　新时代大学生总体上对生命价值的判断与认定是积极向上的，应该对他们的思想道德水准给予充分的肯定和褒扬。但是，这样做并不意味着对影响大学生关于生命意义、生命价值认知存在思想道德问题的忽视，还要从国家未来优秀人才培养、精英品格的塑造着眼，给予高度重视。

　　因此，将个人发展与社会主义现代化强国的建设紧密结合，将个人与他人、集体、社会联系起来看待人生目标与个体生命价值的实现。这是高校按人才目标开展大学生的思想政治教育、生命教育的重要基础。高校将思想政治教育融入生命教育要旗帜鲜明地开展爱党、爱国思想教育及社会主义核心价值观教育，利用社会主义新时代先进的媒体资源、教育资源、社会资源进行系统性的"三观"教育，为大学生以实际行动践行社会主义道德与集体主义价值观打下思想基础。

一、"崇尚自我"造成生命价值认知障碍

　　高校教师准确把握大学生的思想道德认知水平，需要从高校生命教育、思想政治教育、心理教育、审美观教育等方面的工作目标入手，找准客观依据并进行教育效果良好的路径选择和方法实施。

（一）大学生由"自我"导致"自私"的危害

　　当代大学生思想道德水平的提高是高等教育的主要任务，十分有必要以生命教育、思想政治教育、心理教育、审美观教育的目标为立足点来分析大学生思想道德水准的状况。他们期望社会主义祖国更加繁荣富强，并从提高自身生命价值的角度着眼未来，决心努力学习科学文化知识，在爱党、爱国、

爱人民等道德规范意识和道德高尚行为方面应当给予肯定。但无可否认的是，大学阶段是大学生形成积极而又稳定"三观"的黄金时代。在进行研究时发现，有的大学生对生命本质的理解、理想信念的确立和人生价值的实现等方面存在诸多模糊的认识，还有少部分大学生受家庭环境和成长道路的影响，从心理上认定人的本质是自私的。这种观点虽然不是大学生思想意识的主流，但如果形成一定的群体影响也会导致较为严重的问题，因此在高等教育中应帮助大学生树立将人生目标的确立与适合社会发展需要的价值追求相协调、相融合的全局观。

（二）"崇尚自我"导致人生目标出现偏差

大学生把"崇尚自我"当成人生信条和行动指南，在潜意识中以自我为中心，为人处世以自身利益为考量，把追求个人或小家庭的快乐幸福当作首要任务，在面对抉择时对他人的快乐幸福持有不以为意的态度。他们所谓的"人生理想信念"就是自我学业价值的最大化或职业理想的自我完善；他们认定的"生命价值"的实现仅限于自身社会地位、财富目标；他们崇尚的"成才"是指个人如何功成名就，自然而然地把"实现人生目标"的路径确定为取得"个人私利"直接通道，这不可避免地导致思想和行为的极端个人主义，严重者会做出违反道德底线的行为，甚至可能会突破法律的界限。

（三）扭转个人主义对大学生价值观的影响

在实际调研中了解到，一部分大学生的思想观念和人生目标定位是不稳定的，还有一部分大学生因受个人主义思想的影响不能对生命价值、人生意义持有正确认知。而造成大学生片面看待人生目标与个体生命价值的原因，一是没有正确认识到个体利益与集体利益的关系，错误认为个人利益高于集体利益；二是受狭隘的功利主义与利己主义思想影响，导致个人主义肆意生长。高校应将思想政治教育融入生命教育当中，旗帜鲜明地开展爱党、爱国、爱人民的思想政治教育，充分用好、用活新时代中国特色社会主义的优势资源，对大学生进行系统性的"三观"教育，为大学生以实际行动践行社会主义核心价值观与集体主义价值观奠定思想基础。

二、大学生人生理想信念的认知现状

正确认识和把握大学生理想信念教育对加强生命教育、思想政治教育和心理教育有着极其重要的作用。理想信念如同为人生导航的灯塔，没有树立起正确的、稳定的且符合国家发展需要的理想信念，人生就像在苍茫大海里航行失去了方向，也必然会在生活的波浪中做无意义的漂泊流浪，甚至会沉没于途中所遇到的急流险滩。与国家未来发展相协同的远大理想和崇高信念有助于帮助大学生扬起生命的风帆，在乘风破浪的航程中展现最美风采。

（一）大学生人生价值及人生观判断情况

在中华传统文化中，理想信念被称为"志"，"三军可夺帅也，匹夫不可夺志也"即指理想信念要无比坚定。古希腊哲学家苏格拉底说，世界上最快乐的事莫过于为理想而奋斗。新时代大学生承载着家庭和亲人的嘱托，也肩负着祖国和民族的希望，不仅要在大学阶段努力提高专业知识水平和创新能力，还要在心中树起崇高的理想信念，明确生命价值的本质在于对社会的奉献而非个人利益的索取。无数成功人士所走过的道路已经给出了这样的结论，坚定的理想信念是青年对美好未来的向往和追求的基石，一旦建立起来就会成为支撑个体自身行为发展的精神动力。

本研究对某地方高校大一到大四的学生进行调研，大一76人，大二65人，大三71人，大四70人，共发放问卷260份，回收223份，有效回收率达85.77%。具体调研情况如下：

表1　人生价值判断项及选项数据统计

人生价值判断项	数　据
人生价值取决于对社会的贡献	46.28%
人生价值取决于贡献与索取并重	48.16%
人生价值取决于索取	1.54%
人生价值取决于地位、金钱	4.02%

如表 1 所示，"人生价值取决于对社会的贡献"占 46.28%，"人生价值取决于贡献与索取"占比 48.16%，"人生价值取决于索取""人生价值取决于地位、金钱"分别占比 1.54%、4.02%。其中，认为"人生价值取决于对社会的贡献""人生价值取决于贡献与索取"两项占比最高，这表明大学生对人生价值的认知较为全面、客观，能够从自我、他人、社会利益角度考虑人生的价值。

表 2　人生观判断项及选项数据统计

人生观判断项	数　据
环境适应性：适者生存，优胜劣汰	40.35%
人生观：主观为自己，客观为别人	8.94%
个人利益与集体、国家利益并重	41.37%
人生目标：全心全意为人民服务	9.34%

如表 2 所示，大学生对人生观的选择上，"环境适应性：适者生存，优胜劣汰""个人利益与集体、国家利益并重"占比最高，分别为 40.35%、41.37%，"人生观：主观为自己，客观为别人""人生目标：全心全意为人民服务"分别占比 8.94%、9.34%。"环境适应性：适者生存，优胜劣汰""个人利益与集体、国家利益并重"占比高的原因可能是当代大学生受所处时代的影响。现今的中国受西方"三观"的影响，加之国内人才市场竞争激烈，使得大学生"环境适应性：适者生存，优胜劣汰""人生观：主观为自己，客观为别人"占比较低，传统中国文化认为"个人利益服从集体利益"占比较高，而现今受西方个人主义与利己主义文化的影响，使得大学生"个人利益与集体、国家利益并重"占比较高、"人生目标：全心全意为人民服务"占比较低。

表3 不同年级大学生人生价值观调查

人生价值判断项	一年级	二年级	三年级	四年级
人生价值取决于对社会的贡献	48.34%	47.62%	45.93%	42.64%
人生价值取决于贡献与索取并重	47.27%	45.84%	46.22%	47.52%
人生价值取决于索取	1.25%	0.81%	1.34%	1.67%
人生价值取决于地位、金钱	3.14%	5.73%	6.51%	8.17%

如表3所示，通过对不同年级大学生人生价值观的调查得到，选择"人生价值取决于对社会的贡献"选项的各年级学生占比并无显著差异，分别为48.34%、47.62%、45.93%、42.64%；选择"人生价值取决于贡献与索取并重"选项的分别占47.27%、45.84%、46.22%、47.52%。可以发现无论是哪个年级，选择"人生价值取决于对社会的贡献""人生价值取决于贡献与索取并重"两项的人数占比最多、选择"人生价值取决于索取"选项的占比最少，表明大学生的人生价值更倾向于对社会的贡献且认为贡献与索取并重，大学生具有较为利他性质的人生价值观。大学生认为"人生价值取决于地位、金钱"的人数随年级的增长而增加，且大学四年级人数占比最高为8.17%，从客观上说明，大学生随年级的增长，面临更多的就业压力和社会压力，对于地位、金钱的追逐体现了对自身职业的要求。

（三）关于社会利他行为的认知

表4 关于大学生社会利他行为的认知调查

调查项目	调查结果			
	完全赞同	基本赞同	不赞同	特别不赞同
在看到他人遇到险境时是否会挺身相救？	24.65%	47.23%	15.02%	13.10%
	71.88%		28.12%	
是否赞成培养自身的奉献意识和助人为乐精神？	20.22%	57.28%	9.74%	12.76%
	77.50%		22.50%	

如表 4 所示，关于大学生社会利他行为的认知调查发现，对"在看到他人遇到险境时是否会挺身相救"这一问题持有"完全赞同""基本赞同"观点的人数占比为 71.88%，持有"不赞同""特别不赞同"观点的人数占比 28.12%，二者相比具有显著的差异，同时在持有赞同观点的大学生中，"基本赞同"占比 47.23%，"完全赞同"占比为 24.65%，"基本赞同"显著高于"完全赞同"的人数，这表明大学生在看待他人遇到险境自己是否挺身相救这一观点时，会持有较为理性的观点，在相救他人时会综合考虑自身生命安全及救助能力、周围环境的救助条件等主客观因素。在"是否赞同培养自身的奉献精神和助人为乐精神"这一问题的回答中，持有"完全赞同""基本赞同"观点的大学生占 77.50%，相比于持有"不赞同""特别不赞同"观点的大学生人数，具有显著的差异，这表明绝大部分大学生赞同培养自身的奉献精神和助人为乐精神，具有较高的社会利他行为，但具体分析持有赞同选项的大学生人数比例可知，"完全赞同"的人数比例为 20.22%，"基本赞同"的人数比例为 57.28%，二者具有明显的差异，这表明大学生社会利他行为的认知可能受多种因素的影响，例如自我利他经验、学校和家庭教育中对利他行为的培养、社会利他氛围等，相较之"基本赞同"观点，大学生较少对"是否赞同培养自身的奉献意识和助人为乐精神"这一问题持有"完全赞同"的观点，表明大学生对社会利他行为的认知尚不够充分，认识程度不够深刻，有待进一步加强。

（四）关于择业观的认知情况

表 5 关于大学生择业观的认知情况调查

调查项目	调查结果			
	完全赞同	基本赞同	不赞同	特别不赞同
是否赞同大学毕业后到基层工作？	3.11%	15.05%	64.51%	17.33%
	18.16%		81.84%	
是否赞成工作岗位不同，但是没有高低贵贱之分？	36.62%	53.49%	8.13%	1.76%
	90.11%		9.89%	

如表5所示，进行大学生择业观的认知情况调查，研究发现，大学生对"是否赞同大学毕业后到基层工作"这一问题持有"不赞同""特别不赞同"的观点人数占比为81.84%，持有"完全赞同""基本赞同"观点人数占比为18.16%，两者具有显著的差异，说明大学生更倾向于到更高层次的单位工作，对自己的职业怀有更高的要求，绝大多数大学生不想从事基层工作，可能与大学生对基层工作的认识不足、基层工作的职业性质与特点、社会对基层工作的偏见等因素有关，这表明大学生对基层工作的认知有待进一步加强。大学生对"是否赞成工作岗位不同，但是没有高低贵贱之分"这一问题的回答，持有"完全赞同""基本赞同"观点的人数占比90.11%，持有"不赞同""特别不赞同"观点的人数占比9.89%，说明绝大部分大学生对工作岗位的职业地位怀有平等的认知，对工作地位的看法较为客观、平等。综上，大学生的择业观受自身职业认知、社会舆论观点等因素的影响和制约，会产生不同的就业观，这启示高校在对大学生择业观培养的过程中，要帮助他们树立正确的择业观，正确看待基层工作的岗位，在岗位选择上建立开放式的自我，及时调整心态和择业期望，从容应对激烈的就业市场竞争，实现自己的人生价值。

三、筑牢大学生政治思想状况与理想信念防线

生命教育的开展与进行必须有坚定正确的政治方向，实施以人为本、以大学生为主体的教育模式。以此为基点，围绕教育本质尊重生命教育与思想政治教育、心理教育的共性要求，以科学的方法满足大学生的知识增长和创新能力形成的需要，增强大学生主观能动性，激发内心潜质，实现大学生思想政治教育与生命教育、心理教育三方面相结合的效能发挥。

（一）信息社会筑牢思想底线

大学生正处于生命朝气蓬勃、神经活跃、思维敏感的精神状态，他们的言行、认知、观念可以看作社会思想动向的晴雨表。当社会舆论、媒体导向发生变化时，容易引起大学生在思想品格、道德操守、价值判断等方面出现

较大的起伏。新时代大学生中的大多数人对社会问题表现出非常高的关注度，他们对政治经济、科技创新、文化教育、就业创业等领域的问题，对世界各地出现的新事物、新情况、新潮流的事件反应灵敏。

当今，我们社会已进入海量信息传递与信息爆炸式的时代，互联网技术飞速发展的当代社会，大学生接收的信息种类之多、数量之大、速度之快都超越了以往的任何时期。尤其进入"自媒体"时代后，虚假信息、哗众取宠的言行随处可见，西方反华势力惯用网络手段窥探青年人的思想意识，以达到他们利用青年人作为网络信息使用主力军，传播和扩散不实消息的目的。甚至，一些人为获得丰厚的利益回馈，走向置国家利益于不顾的错误道路。他们以哗众取宠为乐趣，利用讲座、网络交流散布他们的错误观点，隐晦地、转弯抹角地质疑、抹黑马克思主义的基本理论和社会主义制度。可以说，网络已成为现今"舆论战场"。

对这一点，高校管理者和教师必须保持高度的警惕性，加强网络信息教育和相关制度的实施；也应在生命教育类课程中，加入国家安全重于一切等国家安全的思想教育内容，帮助大学生树立"网络非法外之地，要对自己的言行举止负责"的意识。教师要经常与学生进行深入的交流与沟通，掌握他们在思想政治、道德品质、学业态度上的情况，做到及时发现问题并能够进行有成效的引导、规范并深入施加教育影响。把网络舆论存在的细小问题提高到国际政治博弈的高度对待，为国家的强大建立起思想政治的铜墙铁壁。

（二）强化素养筑牢底线意识

大学生社会阅历相对不足，在政治思想、道德品质、学业态度上具有不稳定的特点，加之高强度、高竞争性的高考过后，容易造成自我管理的缺乏，容易处于"躺平"或者"摆烂"等暂时性的行动懈怠状态之中；看似内心具有很强的自我规划、自我奋斗、自我追求的愿望和决心，实际行动上却表现为自身综合素质不足、处理突发问题的能力较低等矛盾的行为特征；看似内心十分渴望成为优秀人才，但在内在素质上却又有时缺乏必备的创新能力和良好的意志品质的内外能力矛盾；看似希望更多地接触、了解社会及将来所进入的行业，但在具体作为方面则表现出缺乏辩证的认识、理论与实践脱节的矛盾。以上的矛盾都不可避免地出现在某些学生群体中，或存在于大学生活的某些阶段中。

当代大学生身上所存在的这些主观愿望、主体意识与自身能力素质、客观环境条件之间的矛盾，反映了各种思想观念冲击下的大学生的心理状态、思想意识的特点。因此，要始终坚持生命教育同马克思主义理论与社会主义核心价值观教育相结合，筑牢学生的思想底线。一方面，高校教师要对马克思主义中国化理论深度解读和社会主义核心价值观进行实践性作用分析，使理论教学与社会实践两个方面都能适应国家政治经济、科技文化发展的要求。回击各种不正确的思潮在高校的泛化，将马克思主义中国化理论观点与实现中华民族伟大复兴的中国梦相结合，将国家各领域的发展动向结合实事求是的根本精神展现在学生面前，以潜移默化的教育效果影响学生坚定共产主义理想信念，使他们保持内心定力、坚定立场并把握好人生方向。另一方面，生命教育课程也要精细揣摩课程思政与马克思主义理论的结合点，不断强化和拓展在教学内容、方法设计与教师队伍的水平等多个维度，与时俱进地强化责任意识，强化为国家培养优秀人才的责任意识与大局意识。

四、思想政治教育与多学科融合的方法研析

大学生的知识能力和政治思想素质的提高关键在于高校、社会和家庭给他们以什么样的教育，以及把他们培养成为什么样人才的目标定位。在国际形势风云变幻的背景下，加强高校思想政治教育与生命教育的深度融合具有重大现实意义和历史意义。

（一）思想政治教育与社会、家庭的协同作用发挥

新时代大学生群体不仅是国家各行各业发展的中坚力量，更是实现科学技术创新、超越世界先进水平的主力军。党和人民对新时代大学生寄予了殷切希望，把他们培养成全面实现社会主义现代化强国所需的优秀人才和创新性人才是高等教育肩负的职责和必须履行的使命。在国家给予政策、物资、

引进高端人才等诸多措施的大力支持下，只有高校内部的教育教学与社会环境、信息影响与家庭教育相协同，才能收到预期的教育效果并实现人才培养的目标。

有研究表明，高校、社会和家庭三者对大学生赋予的政治思想影响，必须在大方向上保持一致才能产生具有整体性、科学性和时代性的教育效应。[①]如果只强调高校本身的教育作用而忽视了与社会和家庭的协同作用，高校教育效果不仅不能很好地发挥，还有被抵消、弱化的可能。因此，高校思想政治教育融入生命教育必须在党和国家的统一领导下，协调社会教育资源和有生力量，动员文化舆论界、思想理论界、文学艺术界等各界关心和参与大学生的思想政治教育与生命教育、心理教育的融合工作。从根本上采取有效措施抗击西方错误思潮的影响、网络舆情的不良影响，使全社会在整个空间和时间范围内都成为有益于大学生思想政治水平和综合素质培养的优良环境。

改革开放以来全国各地高等教育快速发展的事实已经证明，加强大学生的思想道德教育、"三观"教育不仅是提高整个中华民族素质的关键，也是培养大学生成为时代发展所需要精英人才的前提条件。高等教育的主管部门要协同社会机制进行通盘规划、协同调动各方面资源加以有效推动。

（二）高校贯彻教育方针须明确人才六项标准

高等教育主管部门和各高校的党政领导应当无条件、无差错地贯彻党的教育方针，各级领导和教师都应端正办学的指导思想，克服那种学科间"各自为政"，大学所有课程都应同时具有知识传授及价值引领的思想政治教育双重功能。防止机械的知识传授忽略实践能力的培养，防止知识的灌输忽略情感态度价值观的塑造。各高校都要从领导力强化、教师队伍建设、教育措施落实、经费投入就位等各方面齐抓共管，高校教师在教学过程中要有意识、有效地对学生进行思想政治教育，在其中适当的融入生命教育中情感态度价值观的观点。在教学的顶层设计上要把尊重生命、热爱国家、团结友善等作为课程教学的目标放在突出位置，并与专业发展教育相结合。

对大学生思想政治上存在的问题要以标本兼治的策略，纠正实用主义和自由主义产生的不良影响。在教育教学评价方面，能够一定程度的体现课程的德育功能，在学生论述类主观测试内容中，体现出德育、生命教育等反映价值的题目内容，提炼专业知识中蕴含的红色传统文化基因和爱国主义价值，将其转化为反映社会主义核心价值观的具体化、生动化的有效题目样式，在"润物细无声"的知识学习中成为学生理想信念层面的精神指引。在党中央带领全国人民开启第二个百年奋斗征程的历史条件，高校培养人才必须立足于德才兼备、创新发展理念的落实，根据国家以技术引领经济发展的战略确定的德智体美劳的大目标和具体细则。大学生毕业后应该做到：第一，热爱祖国，立志为实现中华民族的伟大复兴而奋斗；第二，掌握马克思主义与中国社会主义道路相结合的理论，以实际行动践行社会主义核心价值观；[①] 第三，具有创新精神和进行发明创造基本能力；第四，树立为人民服务的思想并具有奉献、拼搏精神；第五，积极拥护和支持国家改革开放的政策措施；第六，具有艰苦奋斗、遵纪守法、服从国家需要的意志品质。

没有明确目标的教育是盲目的教育；没有规范、系统的教育内容和强有力的教育方法，国家的教育目标也不可能完全实现。高校应根据这六项基本能力素质要求，按照不同年级、不同专业学生思想政治状况和思想意识的形成、发展、变化的样貌，站在高等教育改革创新的高度，针对思想政治教育与生命教育、心理教育和审美观教育相融合的最佳路径进行课程体系设计，并采取行之有效的教学方法，把这些符合国家未来发展要求的教育内容内化为大学生的理想信念和具体的行动。大学生的思想政治教育与生命教育、心理教育和审美观教育的融合，不仅是一项深入细致、艰巨复杂的工作，更是一项有规律可循、科学实施的系统工程。针对多种人文学科相融合必须要有严肃而科学的态度，绝不能做表面文章、搞形式主义。

（三）理论教育与社会实践相协同的效能发挥

马克思主义理论知识学习和社会实践是大学生确立正确的"三观"的重要

---

① 张立梅：《毛泽东领导方法及其时代价值研究》，人民出版社，2020。

基础。迈入高校的大学生受年龄和阅历的局限需要用马克思主义理论知识武装头脑，更需要通过参加社会实践加持思想观念的稳定性。大学生如果不通过有效的教育措施把社会实践的思想成果升华到理论高度，就难以在他们的头脑中形成正确的思想观念和精神信仰。无数教育经验已经充分证明，任何脱离客观实际的理论知识学习不可能取得理想的教育效果。因此，大学生实践教育和理论教育必须协同开展，不能以任何理由偏废一方或有所侧重。

大学生参加社会实践活动是思想政治教育和生命教育融合的重要内容和途径。随着我国高等教育改革的不断强化和深入，各高校比较重视大学生走向社会、开展实习和社会调查研究活动，把所掌握的理论知识应用于相关行业的实践中去，强化知识体系建设和创新意识的培养。许多高校在思想政治教育和生命教育创新实施方法的成果也已经证明，社会实践活动的丰富多彩对大学生接触社会、了解社会、服务社会并形成奉献意识起到了积极的促进作用。许多高校将大学生的社会实践活动进行制度化、规范化管理，并以各种方式将其列入学科教学计划检查与教育成果评估内容，以相关政策和规定不断疏通大学生就业、创业、服务社会经济文化建设的渠道。各专业对口单位、社会机构也都向大学生打开了各种各样的介入窗口，积极提供在校大学生实习、实践的便利条件，同时以学用结合的视角参与高校教学成果的评估。从政府、高校到社会上的各相关单位都为大学生参加社会实践建立起科学的组织管理体系。这不仅是促进高等教育发展的权宜之计，还促进了长期坚持人才培养科学化的基本国策的落实。[①]

五、思想政治与生命教育融合的方法研究

高校加强大学生的马克思主义理论教育是落实党的教育方针的基础性工作，也是高校实现更高人才培养目标的关键所在。大学生迈入高校时辨识抵御错误文化思潮的能力相对不足，需要采取他们容易接受的教育方法进行马

---

① 张伟、张茂聪：《我国高校一流大学建设的校际经验：基于6所高校一流大学建设方案的文本分析》，《中国高教研究》2018年第5期。

克思主义理论知识的教育。任何削弱这种理论知识学习的想法都是缺乏历史远见的表现，更不利于新时代大学生在各自文化土壤中快速成长。如果高校出现许多缺乏马克思主义理论素质的大学生，对全面实现社会主义现代化国家所产生的历史后果是不堪想象的。思想政治教育融入生命教育是高校教育方法的创新之举，重点表现在进行方法、过程创新的同时使教育效能最大化。

（一）强化马克思主义理论学习与真理追求的重要地位

高校要改进、创新马克思主义理论教育教学的方法，就要在研究新时代大学生接受马克思主义理论特点和规律的基础上，将其融入世界观、人生观、价值观教育中得以不断地深化和内化。

随着国家改革开放的不断深入和网络技术的发展，一些缺少分析、判断、评价的西方文明国家建设的理论陆续进入高校的思想文化领域，使得一些大学生感到眼花缭乱、无所适从。出于自身知识体系构建和追求新奇时尚的心理，使得他们容易落入不加选择地吸收各种新信息的误区。这对高校马克思主义理论教育和"三观"教育都提出了挑战。高校领导和教学管理机构必须有目的、有计划、有组织、有策略地加强马克思主义理论支撑"三观"构建的内容教学。[1] 在加强理论知识传授的基础上拓宽生命教育课程的内容范围，设置与马克思主义理论教学相关联的生命价值认知课程内容，任课教师主动分析、判断、评价各家理论学说，通过活跃学术氛围、广开通路实现文以载道、理学致深的教育目的。

马克思主义是在同其他哲学理论的博弈中发展起来的具有革命性的学说。马克思主义理论中国化已经成为支撑党和国家发展的理论基础，高校思想政治教育融入生命教育所建立的教学体系，重在积极引导大学生在各种哲学思想的比较中加深理解，在社会主义建设实践中追求真理价值，通过反复思考、研究马克思主义与中国社会主义建设相结合认识其最高优势地位的重要意义。因此，高校管理者和教学管理部门要构建一支高水平的教师队伍从事人文社科各学科教学和科研工作，保持马克思主义理论在意识形态上的主导地位对

---

① 胡秀俊、刘冉冉：《沂蒙精神育人模式构建与推广策略研究》，吉林大学出版社，2021，第12—14页。

高等教育的价值引领，在更高层次上给大学生以科学的指导和真理的启迪。

（二）五育并举筑牢学生思想底线

高校思想政治教育与生命教育相融合，需要以马克思主义中国化理论为指导，研究大学生思想的形成、发展、变化规律。大学生的思想政治教育、生命教育、心理教育及审美观教育工作，需要不断研究新情况和新问题，通过不断调整多学科融合教育内容适应他们在意识、精神方面发生的新变化。只有在多学科融合的内容设计方面加强主动性才能体现教育过程的科学性，真正实现科学施教、科学育人的目的。在做大学生思想政治教育工作和心智、心理问题脱困方面，各级党团组织有着丰富的经验，可以为思想政治教育、心理教育、生命教育及审美观教育相渗透、融合提供借鉴作用。各高校管理者和教师要在不断总结经验的基础上探讨解决规律性问题的新方法、新措施，逐步实现大学生德育、智育、美育的科学化和现代化。

中国特色社会主义进入新时代，对高校德育、智育、美育的质量和水平提出了更高要求，是否能实现在人才培养方面越来越高的要求，在一定意义上取决于高校管理者和教师进行科学研究与时俱进的程度。高等教育管理机构需要组织高校教育工作的多向度、多维度的调查研究，并以全面性、系统性的方式实施，为相关研究课题提供基础信息和社会面成果。这样做不仅利于掌握新时代大学生通过马克思主义理论教育与生命教育、心理教育和审美观教育进行融合的阶段性情况；还有利于掌握不同年级大学生对人生理想、生命价值的认知能力；更有利于掌握他们在思想道德水平和智力发展水平的成长规律，在中国特色社会主义新时代传承、创新"大学之教也，时教必有正业，退息必有居学"的教育理想。

（三）加强生命教育课程内容的精细化建设

如何将沂蒙精神融入生命教育体系当中？一方面，将沂蒙红色文化元素融入生命教育体系中时要考虑二者的契合性与差异性，讲究自然性，避免两张皮的生硬感和距离感。生命教育的育人目标要贯彻毛泽东思想、邓小平理论、"三个代表"重要思想、科学发展观，充分体现并紧扣习近平新时代中国特色社会主义思想，注重发挥社会主义核心价值观的引领作用，充分挖掘沂蒙红色文化中的内容元素、符号价值与时代意义，着重培养甘愿扎根红色文化沃土的、具备"吃苦耐劳、勇往直前、永不服输、敢于胜利、爱党爱军、开拓奋进、艰苦创业、无私奉献"沂蒙精神特质的学子。另一方面，构建具有科学性、实践性、可操作性的生命教育体系。在结构上，采取"个体素养＋社会支持"的形式，增强大学生的自我认知、自我体验与自我调节，既要悦纳自我，又要帮助他人，同时，针对沂蒙精神学习共同体注入社会支持这一外源力量，构建内外共同发力的教育实践体系；在内容上，着重关注大学生对沂蒙精神成果的输出性，提升大学生主动参与的意识水平和学以致用的实践能力。

在沂蒙精神融入路径上，首先，注重"个体素养＋社会支持"的结构性原则：结构上发挥内源性因素，积极调动学生主动参与对生命的思考。同时发挥学习共同体等外源性因素，将沂蒙精神融入学校环境，通过红色文化历史博物馆、图书馆的红色文献收藏中心、学院公众号和学报的沂蒙精神专栏，促使沂蒙精神"入脑""入心"。其次，注重贯穿课程前中后阶段的过程性原则：建立以学生为中心的学习共同体。将先进的科技传播手段与理性思考的人文手段二者结合进行探索和运用，即建立覆盖生命教育全程的主题体验式教育模式。"课程前"采用"文字材料＋视频学习＋问题导向"学习模式；"课程中"从话题背景知识和学术研究视角总体呈现研究脉络；"课程后"注重多元过程性评价方式，开展开放合作、互助交流，倾听学生时代之声，主要从认知、行为、品德等方面考查学生是否存在反思行为以及自我是否对此做出改变。最后，践行显性教育和隐性教育相结合的浸润性原则：显性教育是指生命教育教学计划内的明确知识，以认识生理生命和社会生命为主；隐性教育是指在计划教学内容内融入沂蒙红色文化元素，以润物无声的效果融入教学内容，精心设计教学活动。同时，充分发挥教师在教学中的关键作用，教师应真学、真懂、真行，坚定社会主义核心价值观，深挖教学内容的本质内涵，找准课程思政的融入点，"诚意正心""知行合一"，真正做到言传与身教的统一。

下 篇

沂蒙精神特征及其
融入高校生命教育研究

第四章　红色文化融入人文学科教育发挥的
建设性作用

　　红色文化发源于中国共产党人继承中华民族优秀传统文化的精神实质，带领人民群众争取中华民族独立和解放的斗争实践，无数先烈用双手、鲜血和生命筑成红色文化精神，并在社会主义建设和改革开放中不断丰富和完善，具有重大的历史价值、文化价值、德育价值和社会价值。从土地革命时期到抗日战争、解放战争时期全国各革命老区的精神品质，到九百六十多万平方公里土地上的高山平原和大小城市，以压倒一切的精神风貌振奋了民族精神，战胜了政治、经济、军事方面的困难，最终为中国革命的胜利和社会主义建设作出了重要贡献。

　　在新中国社会主义建设时期，尤其是在党的十八大以后的社会发展和脱贫攻坚战斗中，与时俱进的井冈山精神、长征精神、延安精神、沂蒙精神等绽放出无比绚丽的时代光彩。尤其是沂蒙精神鼓舞、激励沂蒙地区人民不断取得经济发展和环境建设的新成就。

　　沂蒙精神是高等教育中具有重大育人意义的红色文化瑰宝,，是中华民族和沂蒙地区最重要的精神财富，也是全面建成社会现代化强国的重要教育资源，具有内涵丰富多彩、形式多种多样、功能深入独特的教育属性，对于充实和深化多种人文学科融合的教育内容、改革创新教学方法、强化各学科教育效能的发挥、构建社会主义核心价值体系具有突出作用。

第一节 沂蒙精神融入生命教育之传统文化特性解析

沂蒙精神是本地区共产党人沐浴着马克思主义、毛泽东思想的光辉，将革命理论和实践升华后凝聚形成的一种时代精神，清晰地折射出新民主主义革命时期一代共产党人的精神风貌。是根植于齐鲁大地、吸吮传统文化精华，在特定的历史条件下把马克思主义原理同中国革命具体实践相结合的结晶，更是民族精神与中华近现代精神融汇合流而形成的地域特色鲜明的时代精神，是对中华优秀传统文化的创造和超越，在中华红色文化宝库中永远闪烁着蒙山沂水的的文化魅力。

从研究方法看，沂蒙红色文化资源的研究跨越众多学科，需要从社会学、历史学、文化传播学、教育学等全方位视野进行一种综合式、交叉式的"话语分析"，在不同的研究点上，文本也随之调整。如分析沂蒙红色文化资源的历史演进时，应以历史学的方法为立足点，从历时性和共时性看待红色文化资源同社会变迁的相互影响、发展规律及时代价值；在分析经典红色文化作品时，需要借鉴文学和艺术学的分析视角，红色文化本身即是价值与事实的统一，是创作方式与表现形态等的统一；在分析沂蒙红色文化资源的时代传承时，需要以传播学和教育学的方法为立足点，遵循沂蒙红色文化核心价值观的前提下，传统与现代结合、文化与商业结合，教育与普及应用结合。

一、沂蒙精神继承了中华大地齐鲁优秀文化精华

优秀民族文化是中华民族儿女赖以繁衍生存的血脉，具有一种巨大精神力量的指导性和不朽性特征。沂蒙精神是齐鲁文化和红色文化的时代结合体，而且以沂蒙传统文化为依托，受到早期革命精神的熏陶和浸润，经过岁月的沉淀和锻造而形成。认清传统文化与沂蒙精神存在的继承与发展关系，才能把

传承和弘扬沂蒙精神建立在具有强大民族背景和优秀文化传统的基础上。因此，需要探求民族精神的渊源、齐鲁根深蒂厚的传统文化所具有的影响作用。

在革命历史进程中形成的红色文化，是乡村文化最鲜明的标识和最深厚的积淀，与以民族精神、爱国主义等为核心的伦理价值整合，厚植于中华传统文化深厚土壤，展现和讴歌中国共产党为实现民族独立和解放的光辉历史，是促进乡村振兴的重要动力，对新时代实现乡村全面振兴具有重要意义。红色文化与传统文化、其他政党和社会阶级的文化有所区别，是物态文化、行为文化、制度文化、心态文化的统一体，具有重大的历史价值、文化价值、德育价值和社会价值。①

二、沂蒙精神发扬了地域传统文化的基因

中华民族精神有着厚重而深奥的哲学、社会学渊源，尤其是儒学已深深地植根于齐鲁文化之中，与沂蒙地区人民的智性能力、人格素质融为一体，渗透在各个历史时期、不同性质社会生活中的各个领域。沂蒙地区亦有深厚的儒学、道学、书学文化传统，充满了对天人关系、人与人之间关系的考量与定位，是人我和谐、自强不息、舍己爱人、仁义礼让等文化特质的代表性地域。在以儒学为核心的各种丰厚传统文化的长期熏陶下，沂蒙地区人民在发展生产、开拓进取、创建文明的艰苦劳动中，在反抗外来侵略和阶级压迫的英勇斗争中，形成了优秀的沂蒙文化与传统美德。比如，诚实守信、豁达乐观、遵道守义的人生态度和自强不息精神；深重的忧患意识和强烈的爱国主义精神合二为一；强烈的民族自尊心和抗击外侮、英勇不屈的牺牲精神以及注重个人道德修养的现实主义精神等成为沂蒙精神的重要支柱。

中华民族绵延数千年而不衰，自有内在的、独到的精神力量作为最有力的支撑。正如鲁迅先生在《中国人失掉自信了吗》一文中所写："我们从古以来，就有埋头苦干的人，有拼命硬干的人，有为民请命的人，有舍身求法的人……虽是等于为帝王将相作家谱的所谓'正史'，也往往掩不住他们的光

---

① 韩延明：《红色文化与社会主义核心价值体系建设研究》，人民出版社，2013，第3页。

耀，这就是中国的脊梁。"在我国历史长河中曾涌现出数不胜数的自强不息、英勇不屈的仁人志士，他们身上集中地体现了中华民族的优秀文化和传统美德。比如，沂蒙地区的许多抗倭英雄、抗日英雄等为这个民族的独立自强献出了宝贵的生命。中华民族在漫长的历史风烟中饱经忧患甚至几临厄运，却一次次从衰落中复兴、跌踬中复振，直到现在仍以民族精神巍然屹立在世界的东方，一个非常重要的原因是中华民族有着代代相承、历久弥新的优秀文化、传统美德铸成的顶天立地的魂魄。

中华民族的优秀文化和传统美德是民族发展的无价之宝，是推动中国社会前进的巨大原动力，也是红色文化和沂蒙精神形成和发展的历史根基。

三、沂蒙精神链接近代中国社会变革的先进思想

由于社会意识形态的变化发展具有历史继承性，红色文化和沂蒙精神与优秀文化、传统美德存在深厚的历史渊源。因为世界上无论何种条件下诞生的新社会意识，都必须以历史上人类思想发展的积极成果为基础。具有红色基因的沂蒙精神是时代精神的里程碑，是中华民族激励新生代不断取得进步的精神典范，不仅无法割断与历史文化的关系，更因为吸取了传统文化一切有价值的精神元素使之继续发扬光大。齐鲁大地作为一个文化根源深厚、哲学思想发达、兵学和书学等文化积累丰硕的地区，这里优秀文化与传统美德焕发的时代光彩较其他地区更加斑斓。

沂蒙地区的党员干部和广大群众的求索真理的原动力都深深植根于这片神奇的土地。他们是革命者，也是中华优秀文化和传统美德的热爱者、传播者、继承者，更是不同时期大力弘扬文化传统、创新发展模式的有生力量。他们将民族优秀的文化遗产视为认识和改造客观世界的智慧锦囊，更将其视为本地区最宝贵的精神财富，坚持运用马克思主义的立场、观点和方法进行科学的研究分析。

习近平总书记说："我们党历来用历史唯物主义的立场观点方法看待中华民族历史，继承和弘扬中华优秀传统文化。早在1938年，毛泽东同志就说过：

'我们这个民族有数千年的历史，有它的特点，有它的许多珍贵品。对于这些，我们还是小学生。今天的中国是历史的中国的一个发展；我们是马克思主义的历史主义者，我们不应当割断历史。从孔夫子到孙中山，我们应当给以总结，承继这一份珍贵的遗产。这对于指导当前的伟大的运动，是有重要的帮助的。'"①新中国成立以来，党和国家一直提倡，不能没有分析和批判地兼收并蓄，更不能盲目地信古、好古、怀古、承古，要对历史文化传统进行谨慎地甄别和筛选，分清糟粕和精华后再进行冷静地扬弃，大胆地创新和发展。只有这样，优秀文化和传统美德才能以沂蒙精神的丰富内涵扩展得根深叶茂，以自身永不枯竭的生机支撑沂蒙人民走向未来。

四、沂蒙精神传承修身、治国、爱民思想

沂蒙精神在将古代"修身、齐家、治国、平天下"学说与马克思主义理论不断相融合的过程中，体现了共产党人的爱国家、爱人民的优秀品质和精神风貌。儒学提倡"欲明明德于天下者，先治其国；欲治其国者，先齐其家；欲齐其家者，先修其身；欲修其身者，先正其心；欲正其心者，先诚其意；欲诚其意者，先致其知。致知在格物"，指出了通过持续的努力奋斗实现社会发展、生活幸福的最终理想。

（一）修身治国理论与马克思主义精髓相结合

沂蒙地区干部群众在党的领导下和政策引领下，运用马克思主义的精髓即辩证唯物主义和历史唯物主义原理，精心研究和分析古代修身治国理论，从中汲取大量的精神营养融入民族解放和国家建设实践进程中，赋予沂蒙精神以源源不绝的活力，同时也鲜明地体现出沂蒙人民的优秀品质和群体性格。修身治国理论的核心内容集中在民本主义，诸如"富民""爱民""民为邦本""民贵君轻"等思想都是民本主义的具体体现。历代各个阶级杰出的政治家都懂得"水能载舟，亦能覆舟"的道理，尤其以民心向背作为治理措施考量的标准。

---

① 习近平：把中国文明历史研究引向深入，增强历史自觉坚定文化自信。http://www.qstheory.cn/dukan/qs/2022-07/15/c_1128830256.htm，2022-7-15。

（二）为人民服务成就超越性精神生命永恒价值

中国共产党成立之初就确立了"为人谋幸福"和"为人民服务"的宗旨，把全心全意为人民服务作为共产党人和人民军队区别于其他政党和军队的根本标志，把民族解放和人民幸福作为进行的一切斗争的目的。在这个目的的主导下，沂蒙地区培养和造就了大批优秀的革命者和社会主义建设者，为中国人民的解放事业和国家发展作出了巨大贡献。只要能够做到完全、彻底地为人民服务，普通的人同样可以成就超越性精神生命永恒价值。

（三）团结互助、和衷共济作风铸就个体生命价值

古代修身治国学说比较讲究人际关系，注意生命道德品质的修养，注重培养健全的人格素质，由"修身齐家"推己及人，促成群体意识的一致性，奢侈其精神，淡泊其物欲，实现"治国平天下"的抱负。

沂蒙地区干部与群众之间以及军民、军政之间都能团结一心、同甘共苦，在马克思主义中国化理论指导下发扬团结互助、和衷共济的优良作风，不惜牺牲个人利益和生命，投入民族独立解放和社会主义建设，在人民利益、民族利益高于一切思想指导下实现个体生命价值。老一辈革命家无不深受中国传统文化精华的熏陶和洗礼，在沂蒙地区奋斗时书写了许多激励斗志的爱国壮举，社会主义建设者以拼搏向上的实际行动展现了中华儿女屡经劫难仍坚持艰苦奋斗、团结进取的奋斗精神以及为国家利益勇于奉献的崇高风范。

五、沂蒙精神继承中华优秀传统文化中的爱国主义精髓

根据历史学家黄仁宇提出的从"技术的角度看历史"的大历史观审视硝烟滚滚中存在的红色文化及其产生的时空背景，是社会意识形态、文化习俗、话语权力、角色符号等多重元素的交织。[1] 源远流长的中华民族的爱国主义精神是传统文化最重要的组成部分。沂蒙精神是爱国主义在近代、现代社会的继承和发扬。

---

[1] 孙乐涛:《从技术的角度看历史：黄仁宇"大历史"观述评》,《湘潭大学社会科学学报》2003年第1期。

（一）沂蒙地区中华优秀文化传统中的爱国主义精英

"爱国"二字最早出现在《战国策·西周》一章中，讲到秦国欲吞并西周时，写有"周君岂能无爱国哉"的名言。东汉时期荀悦（公元 148—209 年）所著《汉纪》有"亲民如子，爱民如家"的观点。显然，从封建社会初期，爱国主义思想就已在中华大地上扎根生长。中华民族的光辉历史伴随着爱国、爱民的精神走过几千年的峥嵘岁月，作为先进的社会意识形态重要基因的一种光荣的传统、一种崇高的美德，焕发出灿烂夺目的风采和巨大的精神力量。中华民族用勤劳的双手和超强的智慧创造了灿烂的物质文明和精神文明，"中华民族的各族人民都反抗外来民族的压迫，都要用反抗的手段解除这种压迫，他们赞成平等的关系，而不赞成互相压迫"。[①]

爱国主义最突出的特点就是把个人利益、生命价值同国家、民族的利益融为一体、同人与人互相团结向上的品格融为一体，形成中华民族坚定不移地追求真理的意志和必胜的信念，体现出中华民族的强大凝聚力、向心力和创造力，使中国社会形成优良的传统和治理体系，中华民族实现了历经劫难而不死、屡遭侵略而未亡并始终保持了一个伟大民族的勃勃生机。当祖国独立、主权、民族尊严和人民幸福遭受威胁和凌辱时，这种爱国主义传统常常体现在富国强兵、奋力自救、解除民族压迫的斗争中。[②] 沂蒙地区从唐代到明末清初就出现了许多可歌可泣的民族英雄。

沂蒙文化也拥有悠久的历史进程和独特的地域特征，最早可以追溯到沂源猿人所代表的旧石器时代的东夷文化，出土的孙子兵法和孙斌兵法竹简代表的兵家文化、"智圣"诸葛亮《诫子书》和琅琊颜氏家族的《颜氏家训》代表的沂蒙家教文化、《二十四孝》中鹿乳奉亲的郯子等七孝源于此的沂蒙孝文化、"地控青齐，山连充鲁"蒙山高沂水长的自然文化等，对传承与发展沂蒙精神、表意人民的文化抒情与审美体验、构建国家认同和增强文化自信发挥着极其重要的作用。[③]

---

① 毛泽东：《中国革命和中国共产党》，《毛泽东选集》合订本，人民出版社，1967，第 586 页。

② 张立梅：《毛泽东领导方法及其时代价值研究》，人民出版社，2020。

③ 徐东升、李婧、薛舒文：《新时代沂蒙红色文化传承与弘扬研究》，九州出版社，2023，第 2—11 页。

表6　古代沂蒙地区爱国主义英雄

项目	唐代颜氏二兄弟	明代抗倭将士二人	清代抗倭英雄
人物简介	临沂颜氏是孔子弟子颜回的家族传人。 名臣颜杲卿（692—756年），字昕。曾任范阳户曹参军、代理常山（今河北正定）太守。 重臣、书法家颜真卿（709—784年），字清臣，为颜杲卿堂弟。唐开元年间登进士第。任监察御史、殿中侍御史等职。	李锡，临沂市人，家贫壮年从军，因战功显赫，由副千户升为广西总兵、都指挥使。 孙镗（1522—1554年），临沂市人，少时习武尤喜骑马、射箭。任莒州衙吏、苏松兵备副使。	左宝贵（1837—1894年），字冠廷，回族，平邑县人。家族尚武，作战勇猛，历任守备、副将、总兵等职。功赏穿黄马褂、头品顶戴并赏戴双眼花翎。
主要事迹	**颜杲卿怒斥叛贼** 颜杲卿任常山太守时曾是"安史之乱"始作俑者安禄山的部下。公元755年爆发"安史之乱"时，颜杲卿与其子颜季明守常山，堂弟颜真卿守平原，设计杀死安禄山部将李钦凑，擒其二位部下。河北各郡积极响应，声威大震，受到唐玄宗嘉许。次年常山有叛军压境，颜杲卿求援军未到，鏖战中颜季明被敌人杀害，不久守城被攻破，颜杲卿被俘后押到洛阳。安禄山质问他为什么"不从"，颜杲卿瞋目怒骂安禄山不忠不义。公元758年，获赠太子太保，谥号"忠节"。公元782年，加赠司徒。 **颜真卿刚烈"文忠"** 唐德宗兴元元年（784	**李锡怒斩倭寇首领** 明穆宗年间，李锡率领水、陆两军防御侵犯倭寇，击沉海盗船只，杀敌千余人。隆庆年间又率水陆官兵围攻侵犯澎湖列岛的海盗，率军队杀敌立功。李锡任福建总兵官时，俞大猷任广西总兵并授平蛮将军、都督同知。倭寇曾一本屡屡侵犯两广和福建，烧杀掠抢，李锡配合俞大猷作战，杀敌700余人，将曾一本擒杀，史书记载此战"锡功最钜"。隆庆年间，李锡因战功卓著转任广西总兵，因所率军队作战勇猛得明廷重奖，由广西总兵连升四职。 **孙镗捐资参军抗倭** 嘉靖年间，当日本	**左宝贵以身殉国** 父母早亡，带两个弟弟讨生活到南京后，在军营门外摆摊修鞋。有个清兵修鞋不付钱，他闯进营房追时，几个拳脚就把清兵打倒在地。军官爱才，将其招入军营。1894年，日本帝国主义发动侵略朝鲜和中国的战争，左宝贵率部队驻防奉天。他治军严格、赏罚分明，并与士兵同甘共苦，受李鸿章重用，率部队入朝作战。在敌众我寡、势不可挽时，他下定决心死拼到底。遵照回族礼节，沐浴后把皇帝赐的衣冠穿戴齐整，站在城上督战。下属劝他换装以免敌人注目，他说："吾服朝服，欲士兵知我先，庶竟为之死也，敌人注目，吾何惧乎？"城墙炮手阵

项目	唐代颜氏二兄弟	明代抗倭将士二人	清代抗倭英雄
主要事迹	年），淮西节度使李希烈叛唐，颜真卿被派遣劝谕，被李希烈羁押，百般劝其投降，颜真卿怒拒道，你不知吾兄颜杲卿？安禄山叛乱首举义师……吾守吾节，死而后已，难道还怕你的威胁？当年八月被缢杀。颜真卿遇害后，三军将士皆为之痛哭。颜真卿不但精通儒学，而且身体力行，以尽忠孝，被后世儒者奉为修身楷模。公元791年，颜真卿之子颜頵被唐廷授"旌忠烈之后"。 **颜真卿书法造诣精深** 　颜真卿，擅长行书和正楷。其正楷端庄雄伟，行书气势道劲，对唐代及后世影响很大。宋代文坛领袖欧阳修评论说："斯人忠义出于天性，故其字刚劲独立，不袭前迹，挺然奇伟，有似其为人。"颜真卿与赵孟頫、柳公权、欧阳询并称为"楷书四大家"。	海盗袭扰松江时，怒火中烧的孙镗特去面见郡守，请求拿出自家财产助军队消灭倭寇。郡守把他推荐给参政翁大立，本领测试时见孙镗双刀翻舞目不暇接，官兵齐赞一身好武艺，将他留在军中当兵。首战打退侵犯倭寇后，孙镗在军中任职。回乡卖掉全部家产组织青年参军。倭寇乘船渡过泖浒抢劫，孙镗带兵与倭寇激战一整天，因援兵未赶到，他撤退到河中时倭寇就蜂拥而起，被敌船包围落水牺牲。时年34岁。	亡时，他亲发榴弹36颗。激战中，左宝贵不幸中弹负伤，将士见此情景，英勇杀敌，击退日军三次冲锋。他再次中枪时强撑着在城墙上指挥，炮弹击中左胸倒地而亡。 　朝鲜平壤在他战死的地方竖碑纪念。清政府也在其家乡修建陵墓，令国史馆立传留名青史。为其追赠太子少保，谥"忠壮"。
人物评价	颜杲卿宁死不屈的精神广受后世赞颂。文天祥《正气歌》曾赞美一心为国的高贵品格："为张睢阳齿，为颜常山舌。"前句是说张巡在安禄山叛乱时固守睢阳（今河南省商丘）每次上阵督战，大声呼喊，牙齿都咬碎了。城破被俘遇害。后句是说颜杲卿在他起兵讨伐安禄山时，被钩断舌头，仍然不屈被杀。诗句歌颂二者宁死不屈的高尚气节。文天祥还在《过平原作》中写道："平原太守颜真卿，长安天子不知名。一朝渔阳动鼙鼓，大河以北无坚城。公家兄弟奋戈起，一十七		

项目	唐代颜氏二兄弟	明代抗倭将士二人	清代抗倭英雄
人物评价	郡连夏盟。贼闻失色分兵还，不敢长驱入咸京。"赞扬颜真卿兄弟为平定叛乱所起到的重要作用。 明清将军李锡、左宝贵在抗击倭寇和平定边疆叛乱、民族团结、为保卫国家战斗到最后一刻的精神为沂蒙地区传播爱国主义精神树立了典范。一介平民孙镗，当国家遭倭寇侵犯时，捐资助军，最后以身殉国。孙镗的爱国家、爱人民的民族气节充分展现了沂蒙文化的精神力量，为后世所敬仰、推崇。		

（二）20世纪初的沂蒙红色文化：马克思列宁主义的早期传播

"红色文化"的概念最早出现在2004年7月《苏区"红色文化"对中华民族精神的丰富和发展研究》一文中，"红色文化从很大范围来说，就是指在第二次国内革命战争时期诞生于井冈山和以瑞金为核心的中央苏区'红土地'之上的人民大众反帝反封建的革命文化"。① 沂蒙地区是山东红色文化资源的核心区，沂蒙红色文化是在沂蒙地区这个广义的地域时空和文化空间内，近代沂蒙人民在革命进程中创造的所有文化总和。②

20世纪初，沂蒙地区饱受贫穷战乱之苦，党的早期活动家、中共"一大"代表王尽美在家乡播撒马克思列宁主义的思想火种，建立党的组织。五四运动爆发后，中国共产党在沂蒙地区创建基地，开展武装斗争和土地改革运动。土地革命时期，党领导沂蒙人民先后发动了四次针对国民党反动派的武装暴动。不久，沂蒙地区涌现出一批介绍马克思主义的组织、社团和刊物，形成了宣传马克思主义思想的潮流。

1927年，中国共产党在沂蒙地区建立了第一个县级党组织——中共沂水县支部。沂水党支部成立后，通过发展党员（包括刘洁斋在内的4位沂蒙地区第一批女性党员）、组织民众开展农民运动、建立学生联合会和教员联合会等活动，极大地推动了沂水、莒县一带革命运动的发展。直到1929年在郯城成立中共鲁南第一支部，形成沂水、临（沂）郯（城）两个马克思主义理论

---

① 刘寿礼：《苏区"红色文化"对中华民族精神的丰富和发展研究》，《求实》2004年第7期。

② 魏本权、汲广运：《沂蒙红色文化资源研究》，山东人民出版社，2014，第5页。

的传播中心和党的早期组织机构中心。

同时，沂蒙地区中共领导的机关和部队为了广泛动员人民群众，正确引导舆论和指导革命战争，创办了许多报纸和刊物，此时期出版的红色报刊主要有李清漪于沂水创办的《农民小报》（1926年）、鲁南第一支部于郯城创办的《红色鲁南报》和《农民》（1929年）、张希周于费县创办的《血花报》（1929年），通过给知识青年提供革命刊物、给农民群众讲解革命道理，进行马列主义的启蒙教育，在更广的范围内传播了马列主义，也进行了文化知识教育，对宣传党的主张，发动群众运动起到了积极作用。[①]

五四爱国运动之后，沂蒙地区的一批先进的知识分子在读书求真的同时寻找救民济世的思想学说。沂水县人刘一梦出版了"最早描写了中国产业工人形象"的短篇小说集《失业之后》，他的创作"丰富了革命文学的实绩"；[②]沂蒙人王尽美除了主办《晨钟报》等刊物外，还通过编写通俗易懂的革命歌谣，向基层群众大力宣传党的先进理念和革命真理；沂水知识分子李鸿宝、陈梯山在村内办起平民学校，普及新思想新文化。早期共产党人在沂蒙地区的革命活动，红色信仰开始在沂蒙人民心中积淀，孕育出抗日战争时期和解放战争时期的沂蒙精神。

（三）抗日战争时期的沂蒙红色文化：战争中的文化武器

抗日战争时期，在八路军第一一五师的帮助下，沂蒙人民奋勇抗战、军民一心，共同发展和巩固了沂蒙抗日根据地，并使之成为山东抗日根据地的指挥中枢。为促进沂蒙抗日根据地的文化建设与发展，相继成立了若干战时行政领导机关，既推动与保障了根据地的文化发展取得实效，又使根据地真正发挥了文化抗战宣传作用。

战时行政领导机关的建立引领沂蒙抗日根据地文化走向规范和发展。1940年8月，于沂南选举并成立全国最高的战时行政权力机关——山东省战时工作推行委员会，并通过《山东省战时工作推行委员会组织大纲》，通过这份建设根据地的纲领性文件规划了根据地民主政治、文化教育、改善民生等

---

① 汲广运、王厚香：《沂蒙精神的地域文化渊源研究》，山东人民出版社，2017，第175—180页。
② 郭文明、刘玉鹏：《临沂文史集粹》（第一册），山东人民出版社，1997，第54页。

12 个方面的内容。① 同时，随着群众自发性抗日救亡运动的开展，各类文艺团体组织相继成立。1940 年 8 月，山东省文化界救亡协会成立大会在沂南青陀寺召开，作为群众性的文艺团体统战组织，重点开展了对敌伪的宣传、开展文化节统一战线和战地新文化等工作，一改往日"文化工作散漫而无组织"的状态，② 团结了山东文化界各党派和阶层。

教育事业的蓬勃发展引领沂蒙根据地文化走向巩固和繁荣。学校教育、社会教育和干部教育的普及推动了沂蒙抗日根据地民众文化水平的提升，对反击敌人的奴化教育和抵制殖民文化发挥了重要作用。在大力发展抗日中小学教育的同时，根据抗日战争时期民众战时聚集、平日农作的活动特征，还开展了冬学（夜校）、识字班（午校）、庄户学、和常年民校等为主要形式的民众业余时间教育，形成了"村村办学，户户读书，抗日救国，人人争先"的学习局面。

识字班最早出现于 1939 年底，以沂蒙方言中对沂蒙年轻女性群体的称谓而知名，按照年龄的不同将妇女分成一个个识字小组，教授文化知识和进行政治教育，"识字班的姑娘们总是挤时间反复学习，在地上画、在灶前练；门前房后写满了字……一般会看简单的书报，能写路条和简单的书信"。庄户学最初出现于现今临沂莒南县，是针对不能脱离劳动生产安心学习的贫苦家孩子设计的新型教学模式。"农闲集中学，农忙分散学，大忙停止学"，灵活多样的组织形式使得根据地社会教育有了极大发展，掀起了农民读书识字的风潮。③

沂蒙红色音乐的新发展引领沂蒙根据地文化吹响决战的号角。李诗原在探讨构建红色音乐研究的学科理论时谈到，将红色音乐视为一种"战时文化和军事文化形式"，在这种"军事政治学"的视野下，战时文化（如音乐）或"显露出战争对它的影响"，或"表现战争并为战争服务"。④ 音乐思想内涵方面，1940 年创作的《跟着共产党走》是为纪念党的生日和向抗大第一分校党代会献礼的歌曲，在山东地区的军民中广为传唱并逐渐传播至华东、华北等

① 申春生：《山东抗日根据地史》，山东大学出版社，1993，第 85—94 页。
② 穆敏：《山东抗日根据地的文化》，中共党史出版社，2005，第 15—26 页。
③ 王佩芝、王冠卿：《沂蒙革命斗争史略》，广西人民出版社，1992，第 177—179 页。
④ 李诗原：《红色音乐研究的学科理论与问题框架：音乐学术研究的反思与探讨（四）》，《音乐研究》2020 年第 2 期。

地。① 再譬如，反映沂蒙军民战斗题材的红色音乐《抗日小唱》《攻打沂水城》《九子峰战斗》《烈火燃烧在沂蒙山上》《打蒙阴城小调》。② 从音乐的创作来看，小调是沂蒙红色音乐中最具代表性、也是数量最多的体裁，以《沂蒙山小调》最广为人知。其诞生于烽火连天的 1940 年，从音乐美学审视，唱出了老区人民"最后一口当军粮，最后亲人上战场"的革命斗志。其他广泛流传于沂蒙山区民间有代表性的小调如《绣荷包》《放风筝》《跑四川》等，则反映出日常群众生活的民生百态，地方气息浓郁，情感真挚朴实。

表 7　沂蒙地区抗日根据地沂南县人民的抗敌斗争

项目	"沂蒙飞虎"徐敏山	战斗英雄高运成	"三钻铡"英雄刘世矩	冒炮火支前的胡大娘	模范女地下党员刘玉梅
人物事迹	徐敏山是岸堤村人，1939 年入党，历任村长、区长、县长、县委书记等职。抗战爆发后组织民兵坚持战斗在汶河沿岸，与敌人进行了数百次战斗，以有勇善谋的方式指挥作战，牢牢地守卫着沂南西大门。沂蒙作家刘知侠创作的长篇小说《沂蒙飞虎》主人公高山的生活原型就是徐敏山。	高运成是砖埠乡沙沟村人。1943 年 3 月，他率民兵将地雷下到汤头日军据点内的温泉里炸死日军数人，还运用反间计让日军杀死伪军多人。1944 年 8 月，参加山东军区第一次战斗英雄大会，被授予"一等战斗英雄"称号。	刘世矩是依汶乡五孔桥村人。从 1938 年起为八路军做联络工作，先后掩护过 200 多名军政人员。1941 年春，组织群众掩藏军粮 50 余万斤，日伪军进村搜查时将他抓捕，被敌人三次按在铡刀下面，刃破了脖颈，却始终未供出一粒粮食。	孙祖"九子峰"战斗中出现最感人的一幕：西高庄拥军模范胡大娘在战斗打响时坐在锅灶前纹丝不乱地烧着茶水。有人劝她赶快避开，她却坚定地说："我走还行吗？前线的同志没有水喝怎么能打胜仗呢！"她坚持把水浇开，提着水壶、冒着枪林弹雨给战士们送茶水。	刘玉梅是青驼镇青驼寺村人，1938 年夏担任村妇救会长，1940 年入党。党组织决定利用她担任伪庄长的身份，打入青驼寺伪乡公所搜集情报。刘玉梅不顾个人安危，在敌人巢穴周旋探秘，传递出许多准确情报，使我军粉碎了敌人的数次"扫荡"，有力地打击了敌人。1945 年 8 月，她当选为中共山东分局、八路军山东纵队代表，出席延安英雄模范大会。

----

① 肖桂彬、张清华、韩霖：《沂蒙革命历史歌曲研究》，《当代音乐》2020 年第 10 期。

② 临沂市地方史志编委会编：《临沂地区志》（下），中华书局，2001，第 1462 页。

项目	"沂蒙飞虎" 徐敏山	战斗英雄 高运成	"三钻铡"英雄 刘世矩	冒炮火支前的 胡大娘	模范女地下党员 刘玉梅
评价	葛家庄战斗、孙祖"九子峰"战斗、鼻子山大捷、大青山浴血、狼窝子战斗、铜井战斗、惠家庄战斗，等等，沂南人民在党的领导下，积极参战、踊跃支前、救护八路军伤员，为抗日战争作出了巨大贡献，全县为抗日而捐躯的就有 7744 人。战斗中，涌现出数不清的战斗英雄集体和模范人物，他们功绩卓著、名闻四方。				

（四）抗日战争中沂蒙女性无私奉献楷模

抗日战争时期，沂蒙地区的女性以无私奉献精神书写了爱国主义的史诗，无论是"沂蒙红嫂"，还是"沂蒙母亲"，她们都在抗日战争中做到了深明大义、舍己救人，用自己朴实、高尚、可歌可泣的行为绽放中华女性的人格光辉。她们的奉献精神哪里来？在国家利益和个人安危之间的选择为什么做到了毫不犹豫、大义凛然？按照马克思主义的历史观进行分析可知，人的思想意识来自文化的传承和弘扬。通过梳理沂蒙地区的传统文化发展脉络发现，沂蒙地区无论是处于诸侯割据时期和漫长的封建社会时期，还是近代社会革命斗争时期，儒家文化都是这一地区的主流文化。孔子的道德观念和思想体系是这个地区文化发展的基石。孔子以及后来儒学代表人物兰陵荀子创立的义利思想深深扎根在沂蒙地区人民的心中，沂蒙女性也以自身的言传身教将奉献精神代代传扬。

表8　抗日战争时期沂蒙地区女性英模

项目	公成美与女子爆炸队	沂蒙"红嫂"	战地母亲
人物事迹	**爆炸队长公成美** 公成美是沂南县东北村人。17岁任识字班长兼妇女队长，日寇侵占沂蒙山区时，她耳闻目睹日军的暴行，与林秀英、田正英等党员伙伴商量着用地雷炸鬼子，	**哑女明德英** 明德英 1902 年出生在沂南县岸堤村，生下来就不会说话。31岁那年，一家人逃荒来到横河村，明德英与穷苦农民李开田结婚。1941 年冬的一天，明德英怀抱小孩坐在自家草屋前，突然一个浑身是血	**沂蒙母亲王换于** 王换于，1888 年生于沂南县圈里村，19岁嫁到东辛庄，被称作王氏。1938 年底入党后，在第二年春天被选为艾山乡副乡长、村妇救会长。当时已经 51 岁的王氏没有名字，干起工作来很不方便，于是起名王换于。1939 年

项目	公成美与女子爆炸队	沂蒙"红嫂"	战地母亲
人物事迹	发展为有40多人的女子爆炸队，公成美任队长。为了搞训练，她们的手指磨出了血，膝盖肿得穿不上裤子。经过两个月刻苦训练，她们不但掌握了一般的地雷使用技术，还创造了十几种杀伤力较强的地雷。1945年清明节，日军60人纠合一批伪军进犯东北庄。冲在前面的几个鬼子和汉奸扑向巩传富的家，一推门，门框上的几个连环雷一齐爆炸了，这几个敌人被炸得血肉飞溅，尸骨无存。后边的大队人马吓得不敢前进，慌忙撤兵回防。公成美的丈夫张京会参军后，便再也没有回来，为抗战胜利献出了生命。2012年有记者采访老人家时，她说："他不牺牲，别人也会牺牲，只要能打跑鬼子，老百姓能安生过日子，值得。"	的八路军朝她奔来。她一手抱着孩子，一手抓住战士的胳膊往屋里里拉，示意让他躺在床上，拿过一床破棉被盖住战士，又到了门外边看动静。不一会儿，两个追击的日本鬼子来到屋前，向她问话，明德英哇啦哇啦地指着西边摇头，两个鬼子转身向西边追去。她返回屋内见战士躺在床上脸色苍白、嘴唇干裂，闭着双眼喘气，快要昏死过去了。明德英不知道怎么样抢救他，想起自己有奶水，就马上解开衣襟把乳头塞到了伤员的嘴里，挤出一滴滴乳汁，滴到伤员的嘴里。这救命的乳汁滋润着严重失血的伤员，使他慢慢苏醒过来。1943年初，八路军山东纵队军医处13岁的看护员庄新民，在一次反"扫荡"作战中，他换上百姓的衣服在转移，与众多群众一同被鬼子抓住。其中有明德英的丈夫李开田，为了照顾他两人就以父子相称，他们被日军裹挟着做了约一个月的苦力后被释放回乡，新民伤口化脓、高烧不退，李开田就背着他回到家中。两人用悉心照料把庄新民从生死线上拉了回来。庄新民养好伤后，重新回到部队。	夏季日军"扫荡"时，中共山东分局、八路军第一纵队等领导机关转移到东辛庄，徐向前、罗荣桓、朱瑞和胡奇才等首长都住过王换于家。首长们的孩子，大的七八岁，小的刚出生，日军连续不断"扫荡"，孩子的安全受到很大的威胁。王换于建议成立地下托儿所，将婴幼儿托给有奶的妇女抚养，将稍大点的送到党员和进步群众家照料。 **再生母亲祖玉兰** 祖玉兰（又名祖秀莲），1891年出生在沂水县院东头镇桃棵子村。1939年初，年近半百的祖玉兰参加了本村妇女救国联合会，她和妇女们一起磨军粮、做军鞋，救护战士和伤病员。身负重伤的八路军战士郭伍士倒在了她家的院子里，是祖玉兰从死亡线上把他救了回来，郭伍士把她称为"再生母亲"。1947年，郭伍士从部队复员，他没有回自己的家乡山西，而是千里迢迢来到了沂蒙山区，来到了给他第二次生命的祖玉兰身旁，郭伍士和妻子认祖玉兰为母亲，孩子认她奶奶。祖玉兰也把郭伍士一家当成自己的亲人。

项目	公成美与女子爆炸队	沂蒙"红嫂"	战地母亲
荣誉影响	在 1944 年县武装部组织的一次军事武装比赛中，老人因为埋的地雷最隐蔽，而被评为爆炸模范，奖励一台纺线车。	2009 年 9 月 10 日，明德英入选中央宣传部、中央组织部、中央统战部、中央文献研究室等 11 部门联合组织选评的"100 位为新中国成立作出突出贡献的英雄模范人物"。	2003 年，"沂蒙母亲王换于纪念馆"在东辛庄落成。来自战地托儿所的胡奇才之子胡鲁克等人跪在王换于铜像前。他们说："如果没有以王换于为代表的沂蒙母亲的养育和保护，就没有我们的今天。"

（五）解放战争时期的沂蒙红色文化：革命根据地的决战号角

解放战争时期，沂蒙成为华东解放区的战略指挥中心，鲁南、孟良崮等战役，瓦解了国民党军对解放区的进攻，并配合全国战场进行战略反攻和战略决战，同全国人民一道赢得了解放战争的胜利。1942 年 5 月，在延安文艺座谈会召开之后，毛泽东明确了革命文艺的创作方向，对广大文艺工作者提出了文艺要为工农兵服务，要更加深入生活和贴近群众的创作导向。在这种背景下，党政军齐抓共管，沂蒙红色文化突出了大众化和通俗化相结合、救亡与启蒙并重、形式多元化等特点。

报刊发行和图书出版的发展是引领沂蒙根据地文化走向成熟的媒介。1939 年 1 月在沂水县王庄创刊的《大众日报》，是沂蒙根据地办报时间最长、发行量和影响最大的报纸。在沂蒙近 9 年的时间里，由于日军对根据地文化的频繁扫荡，《大众日报》辗转沂蒙 9 个县的 30 多个村庄，对发生在区内的一系列重大事件都做过详尽的报道，留存了丰富的史料。到 1947 年为止，发行量已由创刊时的 3000 份增加到 1947 年的 3.5 万份。其他还包括鲁南区党委的《鲁南时报》、滨海区党委的《滨海农村》等，报社干部和职工一手拿笔、一手拿枪，宣传党的政策方针，不仅鼓舞了广大人民群众，还起到了宣传马克思主义思想，促进其大众化传播的重要作用，提高了人民的政党意识、军事素养和文化教育水平。图书出版方面，吴强的长篇小说《红日》以 1947 年山东战场的涟水、莱芜、孟良崮三个连贯的战役作为中心，描述了华东野战军与国民党第七十四师之间展开的大规模战役。刘知侠的短篇小说《红嫂》是根据 1947 年沂南县马牧池乡聋哑人明德英用乳汁救伤员的真实故事创作，充分展现了沂蒙女性"母送子、妻送郎、送亲人、上战场"的高昂革命斗志。

民歌、戏剧和文艺团队的多样化引领沂蒙根据地奏响决胜的号角。在音乐社会学和传播学的语境中，红色音乐同军民融合的社会关系、对开展政治宣传和社会动员都起到不可替代的作用。《七十四师消灭光》产生于解放战争时期，体现的是"百万军中取上将首级"的孟良崮战役，陈毅元帅曾经深情地说："我忘不了沂蒙山人，他们用小米供养了革命，用小推车把革命推过了长江。"同时，此时期文艺团体在创作和传播红色文艺作品的过程中扮演了重要角色。诞生于烽火硝烟中的文艺团体担任着党的宣传队伍、演出队、工作队、战斗队等任务，从抗日战争时期的抗日军政大学一分校文工团、姊妹剧团、沂蒙国剧社、庄户剧团，一直到 1946 年 6 月 1 日成立于临沂的山东省人民剧团、鲁中南区党委歌剧团、路中第三军分区宣传队等，所到之处无不为抗战服务、为前线服务。剧团不仅演出秧歌剧《好线织好布》《兄妹开荒》、歌剧《夫妻识字》《胜利腰鼓》、排演大合唱《黄河大合唱》等经典曲目，也创作和改编了一大批优秀的音乐作品，如《支前民工英雄汉》《小放牛》《四恨》等。[①] 文艺团体在演出时鼓舞革命士气、对党的路线方针政策宣传解说，走到哪、唱到哪、教到哪。但是一旦遭遇战争形势恶化或开展中心工作，文工团便分散到连队成为文化教员或政工人员，协助部队审查、教育俘虏。可以看出，这一时期的红色文艺活动全面体现了延安文艺座谈会的精神，也成为瓦解国民党反动统治的有力武器，更重要的是，起到了鼓舞群众斗志、激发群众战斗精神的重要作用，为新民主主义革命的最终胜利作出了卓越的历史

---

① 庄乾筱：《山东抗日根据地及解放区的文艺团体梳理研究》，硕士学位论文，山东艺术学院，2016，第 1—8 页。

贡献。

革命战争时期的爱国主义精神既是对中华民族优良传统的继承，亦是进一步的发展和升华。马克思主义和中国革命的有机结合，以及中国共产党根本宗旨和最高目的的确立，使爱国主义超越了历史局限，自觉地把党的方针政策凝聚的力量汇集到人民群众中去，自觉地与反帝、反封建结合起来，自觉地同社会主义建设联系起来，开拓了改造和建设新中国的光明大道，使沂蒙地区爱国主义精神更深刻、更广泛、更富有战斗力，形成这一地区历史上境界最高、威力最大的爱国主义精神之一，对中华民族的生存发展产生了深远的影响。

六、时代传承：沂蒙红色文化的话语转换

"凡是有人类居住的地方，就有话语；人类是通过话语来把握和认识客观世界的。"① 活动中的话语随着历史的变迁和时代的需求不断转换，抗日战争时期的沂蒙红色文化反映了在日本帝国主义侵略下，沂蒙军民经受战争苦难进行顽强抵抗的坚决勇气；解放战争时期的沂蒙红色文化反映的则是沂蒙人民配合华东野战军同国民党大决战的坚强决心，以及对建设一个人民民主新中国的向往，新中国成立以后的沂蒙红色文化随着中国共产党推进马克思主义大众化，呈现出红色文化价值与文化产业扶贫、教育精准扶贫、生态健康扶贫相结合的话语符号，展现出社会主义建设精神风貌同构建国家认同和人民文化自信的时代特征。

红色文化从时间上体现出悠久积淀的深厚历史，也体现了丰富卓然的文化标识，能够激发出基层群众的奋斗意识，汇聚起实现乡村振兴的思想共识、行动自觉和动力源泉，能转化为革命老区乡村振兴战略的磅礴力量和历史底气。深刻领会沂蒙精神本质，对于深度挖掘沂蒙精神的思想内涵和开辟沂蒙精神的时代价值具有重大指导意义。乡村振兴语境下，产业发展是乡村振兴

① 陈锡喜：《马克思主义：意识形态和话语体系》，华东师范大学出版社，2011，第18—25页。

的重要基石，以农业农村资源为依托，丰富的文化资源为载体，打造文化特色突出、地域特征鲜明、业态类型丰富的文化发展品牌，是提升文化综合软实力的必经路径和突破出路。

（一）转换话语模式：挖掘时代商业价值，赋能文化产业扶贫

依托沂蒙革命老区现有红色文化资源，近些年创新性地打造和培育了一系列集思想性和艺术性的文艺精品，进一步提高了沂蒙红色文化的影响力、感召力和辐射力。短篇小说《红嫂》被改编为革命现代舞剧《沂蒙颂》，曾任中央芭蕾舞团团长的李承祥和创作组 1971 年接到任务后，先后六下沂蒙山区采风。剧中插曲《我为亲人熬鸡汤》中"蒙山高，沂水长，军民心向共产党……"作为经典红色艺术作品传唱全国，1976 年还出访德国、奥地利等国家，将代表沂蒙人民、中国人民的崇高情怀和时代精神传播到世界各地。

2004 年，"沂蒙精神晋京"配套活动之一的大型乐舞诗《沂蒙颂歌》问世，将沂蒙热土的革命历史文化、独具特色的民俗文化和现代文化加以提炼和升华。近些年来，还将传统《沂蒙山小调》编创为大型民族交响乐，将传统的二胡、扬琴、琵琶、唢呐等 20 多种民族乐器与现代技法相融合进行作曲，展现出气势恢宏的民族交响音画。2009 年，国内第一部水上红色文化大典《蒙山沂水》上演，这是红色音乐文化品牌塑造和时代传播的典型案例。"续一把蒙山柴炉火更旺，添一瓢沂河水情深意长"，《蒙山沂水》在创作上借鉴了《印象西湖》《印象刘三姐》等水上平台室外实景演出模式，区别于《印象井冈山》等以"山"为主的表现主题。在传播力度上，曾参加中印文化交流，荣获中国舞蹈艺术最高奖项——荷花奖特别奖；在商业运作上，《蒙山沂水》主打红色音乐为主的文旅一体化商业化运作模式，在每年的 5—11 月演出，塑造了传播度广、影响力大和商业价值丰富的文旅结合品牌价值。

除此之外，积极实施优秀传统文化正德扶贫。通过深入挖掘非遗、民间工艺项目，实施手工艺助力扶贫活动。与省内高校合作致力于非遗文化项目的保护和传承，通过确立一批文化产业示范户，将非遗产业的内容开发和资源利用进行商业结合和价值拓展，在帮扶当地民众就业、帮助脱贫致富等方面发挥了重要作用。选取草柳编、中国结、石雕、刺绣、剪纸、布艺、木艺、面艺、根艺、陶艺等十大非遗传承、手工艺门类，举办针对贫困户家庭成员的非遗传承、手工艺技艺培训班，帮助贫困户学会一门手艺就地就近就业。同时，搭乘电商发展的营销快车，推进"非遗＋电商"发展模式，鼓励支持非遗手工艺项目传承人开设电商网店。结合电子商务"百乡千村"工程，利用新媒体传播方式，通过建立非遗传承实训基地、培育非遗文化周边产品及衍生品，通过联合手工业相关的电商企业，发展多种经销模式带动当地700多个贫困户脱贫。[①]

积极将沂蒙红色文化"输出"的同时，也将文化惠民活动"引入"贫困村。围绕扶贫扶志，组织全市国有文艺院团、民营院团、庄户剧团"送戏入村"，确保实现"一村一年一场戏"；还组织实施了百部小戏创作工程，围绕扶贫、移风易俗、孝文化等题材，创作了《小村大事》《春满山乡》《春暖花开》等小戏作品，平均每年组织优秀文艺作品到基层演出5000余场；通过启动标准化放映工程，推进"一村一月一场电影"；整合各方面资源，创新农家书屋服务形式，通过推广"农家小书屋""农家小书柜"等有效形式，推进"一村一个阅览室"。

（二）转换话语主体：传承红色育人基因，赋能教育精准扶贫

习近平总书记曾在北京大学师生座谈会上指出，青年的价值取向决定了未来整个社会的价值取向。青年要从现在做起、从自己做起，使社会主义核心价值观成为自己的基本遵循，并身体力行大力将其推广到全社会去。[②] 前身为滨海建国学院的临沂大学依托沂蒙红色文化资源，实现红色基因薪火相传、红色血脉赓续不断。

一方面，全面推进沂蒙红色文化全员、全程、全方位育人，将沂蒙精

---

① 临沂市人民政府：《临沂市文化和旅游扶贫工作措施及成效》，2020年4月7日。

② 习近平：《青年要自觉践行社会主义核心价值观：在北京大学师生座谈会上的讲话》，2014年5月5日。

神融入办学各个环节。^①以教师和学生为主体，设计、编创了"沂蒙精神三部曲"：民族管弦乐《沂蒙史诗》、红色歌舞《沂蒙印象》及情景话剧《沂蒙情深》，打造了艺术党课《初心》，构建了文艺教育综合实践平台，用艺术讲政治。同时，以国家非物质文化遗产传统地方戏剧柳琴戏为主，构建了集"理论研究、艺术创作、人才培养、表演实践"四位一体的优秀传统文化传承发展体系。近年来，结合沂蒙红色文化、沂蒙精神等领域的理论研究和科研平台建设，不断创作出新的柳琴剧目：新编历史剧《王祥卧鲤》、柳琴小戏《山里红》等红色曲目亦突破了既有的红色演绎模式，编排以识字班、支前、厉家寨等主题，以粗犷热烈、朴实健康的风格、浓郁生活气息的表演方式和包含诸多古声古韵的丰富唱腔，使柳琴戏散发出浓郁的生活气息和地域色彩。另外，还通过呈现沂蒙红色文化历史进程的红色馆、展示沂蒙红色非遗文化的博物馆、收藏红色文献的图书馆等实体文化展馆，使沂蒙精神成为学生应对瞬息万变外界环境的精神宝藏和心理支持手段，^②将"水乳交融，生死与共"的沂蒙精神本质价值认同内化于心、外显于行，形成革命老区大学鲜明的育人特色。

另一方面，把沂蒙精神融入社会服务，发挥专业人才优势，扎实推进专家学者和学生深入基地、农村和工厂。首先，学校依托沂蒙红色文化聚集区域和山东省党性教育基地，组织学生深入实践基地沉浸式领会沂蒙精神和红色历史；通过学校科技产业、社会服务处和区域经济协同创新中心等机构依托产学研合作项目，派出专家、教授、知名学者下农村、下工厂、挂职第一书记等方式，帮扶老区群众解决生活、生产中的实际难题，发挥扶贫、扶智、扶志的作用；其次，通过组织学生到农村实践、大学生自创或参与教师的科研课题等形式，使学生能够深入调研社会主义新农村建设的现状和变化，了解老区的发展图景和管理方式；最后，组织学生进入企业一线、参与生产劳

---

① 李喆：《贯彻落实习近平总书记重要讲话 结合新的时代条件发扬光大沂蒙精神：纪念习近平总书记沂蒙精神讲话两周年》，《临沂大学学报》2015 年第 6 期。

② 周莹：《贫困大学生心理精准帮扶模型建构：基于社会支持和情绪调节的链式中介效应》，《山东社会科学》2019 年第 6 期。

动。重在让学生了解工业与城市发展，提高创新创业能力，达到强化学生劳动技能和增强大学生社会适应能力的目的。

（三）转换话语载体：开发红色研学旅游，赋能生态健康扶贫

脱贫攻坚开展以来，不断将精品项目创作、文化产业发展和文化体制改革相融合，通过沂蒙精神晋京展，让地域文化精神"走出去"，向更广范围传播；通过书圣文化节和诸葛亮文化旅游节的举办，将更多的智谋和资源"引进来"，实现了社会效益和经济效益的双赢。各级文化旅游部门积极探索创新工作方法，结合新媒体传播总结摸索出一系列行之有效的旅游扶贫模式。

"景区带村"的农旅结合模式：通过兴建田园实践综合体项目、文旅结合体验活动等新兴模式，充分利用其经济方面强大的辐射带动作用，积极探索在尽可能保留乡村田野文化、自然风光和乡村人民生活环境的前提下，将旅游经济开发同扶贫工作深入结合。71 年前，两位十八九岁的八路军战士阮若珊、李林，为配合我军作战行动，在山东省费县白石屋村一间简陋的农家草舍里，精心构思创作出了脍炙人口的《沂蒙山小调》。而今，沂蒙山天蒙旅游区将"沂蒙山小调诞生地"的文化符号、"1940 年抗大一分校文工团"的历史符号与自然风光秀丽的地理符号相结合，建成了沂蒙山小调活态博物馆。打造了"沂蒙人家""沂蒙物产""沂蒙风俗""沂蒙声音""沂蒙美食""沂蒙历史""沂蒙精神""沂蒙山小调诞生记"等八个沂蒙主题院落。开业第一个财务年即实现游客 120 万人，成为构建田园综合体乡村振兴的典型案例，已成为沂蒙革命老区实施乡村振兴、发展乡村旅游的重要抓手，推动全市农旅产业实现农业艺术化、村庄景区化的一项重要举措。另外，以沂南县沂蒙红色影视基地为代表的"一区带四员"模式（土地入股当社员、景区务工当职员、穿上戏服当演员、售卖产品当店员），以沂南县马泉创意休闲园为代表的"一地生四金"模式（土地流转获租金、园区务工挣薪金、入社合作分股金、入园经营得现金）都是景区带村模式的积极探索成果，使村集体和贫困群众的收益实现稳定可持续性增长。

"自主开发"的文旅融合模式：激活内生动力、强化造血功能是旅游扶贫工作的终极追求，孟良崮战役发生地——蒙阴县和沂南县的交界处，现已建成包括孟良崮战役纪念馆、南北岱崮保卫战遗址、"沂蒙六姐妹"纪念地等华东地区重要的红色旅游胜地和革命传统教育基地。红色歌曲《跟着共产党走》的诞生地——"红色旋律传播基地"沂南县，通过红色文化的基地创建、红色研学的课程化编排、品牌打造的社会效应运作、社会参与主体的多元化评价等具体举措，形成了"红色基因世代传""红色教育连成片"的红色文旅综合体。尤其是通过文化、教育和旅游等有关部分的统筹，与当地博物馆、文化馆和企业等联合，成立并创建了全县中小学红色教育品牌创建领导小组和研学旅行工作专班，通过探索主题式研学旅行项目、科学合理开发并规划红色研学路线、有效编制与规划红色文化课程与爱国主题教育内容，目前已形成以红色、乡村、历史为主线的成熟研学产品，形成了多主体参与、多样化内容、多层次交流的红色基因文旅服务体系，打造了红色基因文旅品牌特色，提升了红色基因文旅综合服务能力。

以上通过深度挖掘沂蒙红色文化、乡村文化和地域文化的价值内涵，同时结合文化旅游节事活动，拓宽了农民增收渠道，提高了民生保障水平，有效拉动了乡村旅游产业链条，提升市场品牌形象，充分展示了传承沂蒙红色文化基因、衍生创意文化，延展红色文化市场的新局面。

第二节　沂蒙精神融入高校生命教育之精神特质研究

早期革命者正是基于实现共产主义的崇高理想，带领沂蒙地区的人民不怕苦与累和流血牺牲，打造、熔铸了沂蒙精神十分丰富的内涵，从历史和现实互相映照的多重视角展现了这一地区人民群众的精神面貌。是党员、干部、群众团结一心，爱党、爱国、爱家乡的英勇行为的整体反映；是战斗在沂蒙地区革命队伍内部高尚的精神境界的反映；是人民群众奋发有为、积极向上的群体力量的反映；是共产主义理想信念落实在沂蒙人民苦干、实干行动上的反映。可以说，沂蒙精神具有丰富、全面、时代性的内涵，体现了中华民族"齐家治国平天下"的信念和无私奉献的美德。

一、革命者的共产主义理想形成无私奉献精神

为共产主义而奋斗的精神是沂蒙精神的主体，是支撑干部群众努力实现奋斗目标的精神支柱。这个奋斗的目标是无产阶级革命精神所追求的总的目标和总结果；这种精神是这一地区无产阶级革命者统一思想意识的基本精神，也是党员干部发挥重要作用的力量源泉。没有为共产主义而奋斗的精神，沂蒙精神就失去了产生和存在的可能性和必然性。因此，为共产主义理想而奋斗的精神是沂蒙精神的灵魂，是沂蒙老区全体干部和群众思想、意识和精神品质的总和。

（一）五四爱国运动开启沂蒙精神的序章

1919 年 5 月 4 日，北京各高校和社会各界爱国人士三千余人在天安门广场集会后举行大规模游行示威，掀起了声势浩大、具有里程碑意义的五四爱国运动。5 月中旬，临沂各学校师生为了声援北京学生发起爱国主义运动，进步学生纷纷组织起来进行集会、罢课、游行示威，他们在这座古城的大街上高呼"收回青岛""外争国权，内惩国贼"等口号，进步学生和各界爱国人士掀起罢市等各种反击日本侵略者的活动，革命的火种点燃了广大临沂人民的爱国热情。

正是从五四运动开始，沂蒙地区人民踏上了革命斗争和民族解放的征程，也开启了铸就沂蒙精神之旅。1927 年 11 月成立的沂水县党支部，1928 年 10 月成立的"老屯党支部"，1929 年 11 月成立的鲁南第一党支部，1930 年秋成立的"临沂五中党支部"，1931 年秋成立的"第三乡村师范学校党支部"、临沂特别支部以及中共临郯县委，都是在国民党白色恐怖时期成立的共产党基

层组织，将马克思列宁主义和毛泽东思想传遍沂蒙大地并在勤劳勇敢的人民群众心中扎根、发芽，在党组织的正确领导下，沂蒙精神一步步生长、壮大，成为这一地区的精神坐标。

（二）早期共产党人用鲜血和生命为沂蒙精神铸魂

红色基因是沂蒙地区共产党人的生命密码和精神支柱，沂蒙精神在孕育、生长之初就深深地打上了共产党人坚定的马克思主义信仰的烙印，融入了人民军队的战斗精神。早在20世纪20年代初，王尽美就曾回家乡临沂莒县一带传播马克思主义，在学校和乡村培养了一大批进步青年参加革命。后来王尽美成为中国共产党一大、二大代表，在党中央的领导下将沂蒙地区和整个山东省的革命活动开展得如火如荼，在与国民党反动派的激烈斗争中，有一大批党员、干部献出了青春的热血和宝贵生命。

表9　沂蒙地区早期共产党员和革命先烈

项目	中共一大、二大代表王尽美	唐东华与"沭口九烈士"	孙善师与孙善帅兄弟
人物简介	**王尽美**（1898—1925年）原名王瑞俊，字灼斋，莒县大北杏村人（现属诸城市），在山东省立第一师范读书时参加革命。中国共产党13位创始人之一，济南和青岛党组织最早的组织者和领导者。1919年，五四运动爆发，王尽美积极参加五四运动，并在运动中找到了马克思主义这个真理。1920年，王尽美与邓恩铭等人发起成立"励新学会"，创办《励新》半月刊，研究和传播新思想、新文化。1921年，作为代表参与中共一大会议。1922年7月中下旬，出席中国共产党第二次全国代表大会。	**唐东华**（1905—1933年），名纪虞，字东华，曾用名唐棣。江苏邳县（今江苏省邳州市铁富镇）姚庄人。其父靠推面磨、打烧饼、烧窑维持生计。唐东华在亲友资助下得以入本村小学读书，后考入邳县第一高等小学。小学毕业后，他以优异成绩考取宿迁中学，但因家贫未能就读。1927年，唐东华在邳县加入中国共产党。1930年7月，他领导了新淘河暴动。暴动失败后，到郯城，以鲁南特派员名义开展地下工作。中国共产党郯城县地方组织的创建者之一，革命烈士。	**孙善师**（1904—1938年），临沂市人，临沂五中毕业后考入山东省第一师范学校。在校结识共产党员刘之言，积极参加反帝爱国斗争，1926年入党。1932年6月，中共郯城县委成立，刘之言任书记，孙善师为委员。 **孙善帅**（1910—1933年），又名孙镇东，字仁风，生于1910年，同孙善师为同胞弟兄。1924年秋，考入临沂山东省立第五中学。1927年初中毕业后他投笔从戎，1931年冬，加入中国共产党。

项目	中共一大、二大代表王尽美	唐东华与"泺口九烈士"	孙善师与孙善帅兄弟
主要事迹	**王尽美成为中国共产党创始人** 1921年初，在济南秘密成立共产主义小组，出版《济南劳动周刊》，7月在上海、南湖参加党的第一次代表大会。会后改名为王尽美（寓意为尽善尽美、求解放）。1922年6月，山东劳动组合书记部成立，王尽美任书记，7月在上海参加党的第二次代表大会，月底济南党支部成立，任书记。在终日的奔波中，感染了肺结核病，带病奔走于济南、北京等地，1925年8月19日，王尽美病逝于青岛。 **留下感人遗言** 1923年，中共"三大"确立了国共合作的方针后，王尽美以个人名义加入国民党，出席国民党第一次全国代表大会，会后任国民党山东省临时党部执行委员。当年10月被孙中山委任特派员，在山东从事统一战线工作。1925年1月，在上海出席中共"四大"，8月因病在青岛去世。生前请青岛党组织负责人记其遗嘱："全体同志要好好工作，为无产阶级和全人类的解放和共产主义的彻底实现而奋斗到底！"	1930年10月，唐东华在郯邳边境建立了掩护点，深入郯城县涝沟、大埠子等村秘密工作，发展了一批党员。1931年6月，在唐东华领导下郯城县西南部党的组织即发展到20多个村庄，建立了前高峰头、房邵庄等村支部。同年夏，唐东华领导组建了中共涝沟区委和中共城关区委。1932年3月，又组建了中共马头中心区委，使党的组织在郯城、马头一带得到迅速发展。1932年5月，唐东华以徐海蚌特委鲁南特派员的身份，开始组织暴动准备工作，因被敌人包围，许多同志被捕，唐东华多次冒生命危险组织营救，安排其他同志隐蔽或转移外地。暴动夭折后，他亲自领导各地党团组织的恢复工作。 **泺口九烈士** 1932年6月，任中共临郯县委组织委员的孙善师到临郯邳边境组织暴动时被捕入狱。1932年10月，因敌特收买的坏人告密，唐东华被捕。1933年9月18日，唐东华、孙善师与中共济南市委书记李春亭、青岛市委书记李伟仁、共青团山东特委代理书记孙善帅及山东省委张福林和其他县、市领导段亦民、郑心亭、王常怡八人在济南英勇就义，被誉"泺口九烈士"。	1927年，国民党发动四一二反革命政变后，孙善师受中共山东区执行委员会派遣，分别回到临沂、郯城从事革命活动。孙善师在临沂县第二小学任教时因鼓动学生对抗当局，两次被捕入狱。后因查无实据而获释。经其父在教育界的朋友介绍，到郯城县立第一小学任教。这期间孙善师经常回临沂开展革命活动，对临沂五中、临沂三乡师范等学校的党组织发展壮大，作出了重要的贡献。1932年6月，任中共临郯县委组织委员的孙善师到临郯邳边境组织暴动时被捕入狱。 1932年春，孙善帅担任了济南市委组织委员。为深入开展抗日救亡宣传和反抗国民党军阀韩复榘的斗争需要，他经常深入到学校中去开展工作。1933年初，孙善帅任共青团山东省特委代理书记，同年2月，由于叛徒出卖被捕，在狱中，孙善帅等同敌人进行了顽强的斗争。 1933年9月18日，任郯县委组织委员的孙善师与孙善帅、唐东华等八人在济南英勇就义，成为"泺口九烈士"中牺牲的亲兄弟。

项目	中共一大、二大代表王尽美	唐东华与"泺口九烈士"	孙善师与孙善帅兄弟
评价	**新中国成立 60 年入"双百"** 1952 年，毛泽东对山东分局的负责同志说："你们山东有个王尽美，是个好同志。听说他母亲还活着，你们要养起来。"1961 年，距中国一大召开 40 年之际，董必武写下诗作《忆王尽美同志》："四十年前会上逢，南湖舟泛语从容。济南名士知多少，君与恩铭不老松。"2009 年 9 月，全国"双百"评选活动中，王尽美被评为 100 位为新中国成立作出突出贡献的英雄模范人物。 **"泺口九烈士纪念碑"** 2005 年 4 月，泺口九烈士纪念碑在济南建成，被中共济南市委宣传部公布为第二批爱国主义教育基地。		

（三）井冈山精神、长征精神、延安精神对沂蒙精神产生重要影响

在长达 30 年的艰苦卓绝的斗争中，革命先辈坚持党所倡导的为人民的利益坚持好的，为人民的利益改正错的，工作上不分职位高低、工种好坏，全心全意为人民服务。在沂蒙地区他们还掀起了学习井冈山精神、长征精神、延安精神的热潮，以对工作极端负责、对人民满腔热忱、处处勇挑重担的精神品格，真正做到了什么地方有困难、有问题要解决，就立刻为解决困难去工作、去斗争、去奉献、去牺牲。涌现出了大批的英勇作战的模范、遵守纪律的模范、政治工作的模范、支前工作模范、妇女劳动模范、人民团结模范。

正是由于中国共产党人把革命火种和与时俱进的爱国主义精神播撒到了沂蒙老区这片沃土，正是由于共产党和人民军队始终把为人民求解放作为革命的出发点并为此浴血奋斗，正是由于深谙毛泽东思想的党政领导对光荣传统和革命精神的承袭和弘扬，才在沂蒙地区进一步拓展了无私奉献为本质特征的沂蒙精神；正是由于沂蒙地区的党员干部、战士群众具有高尚的共产主义理想信念，他们的革命行动受到所有到沂蒙地区开展革命斗争的老一辈革命家的称赞。

沂蒙人民传承了中华传统文化的精髓，沂蒙作为儒家文化、兵学民文化、书家文化等历史文化的发源地和传播地，以厚重的历史文化填补了自然资源的贫乏，变成了点燃革命火种、开展长期革命斗争的老区，党员干部和人民

群众用热血和生命绘就了可歌可泣的民族解放画卷。

二、环境锻造的自强不息、坚韧不拔精神

自强不息、坚韧不拔的精神是沂蒙精神的重要组成部分，是沂蒙老区人民在行为上最基本的意识、品格、精神的总体表现。

（一）自强不息、坚韧不拔是沂蒙精神最基本的表现形式

任何一种精神特质都需要通过思想行为和实际行动来得以表现。如果人的行为没有先进精神要求或表现为一种落后腐朽的精神，这种行为就失去了推动社会发展的目的性意义。相反，如果仅有为人民服务的思想意识，但是在具体行为方面不能体现自强不息、坚韧不拔的精神，也就无从谈起为人民服务行为目的的实现。因此，自强不息、坚韧不拔精神是为人民服务思想在行为上的体现，是沂蒙精神的最基本的外在表现形式。

（二）在物资极度匮乏的情况下坚持不懈斗争

沂蒙地区的党员干部在新中国成立前的漫长岁月里，表现出长期奋斗、坚韧不拔的精神品格，无论是面对日本侵略者的铁蹄还是国民党反动派的白色恐怖，沂蒙地区干部、群众始终没有妥协过，始终没有退缩过。他们坚定了长期英勇战斗的革命意志。抗日战争时期，按照党中央战略防御、战略相持、战备反攻的策略，坚持与日寇和伪军长期作战。在生活物资和军需极度匮乏的情况下，沂蒙地区干部、群众按照党中央一定要坚持下去、一定要不懈斗争的号召，发扬愚公移山"子子孙孙挖山不止"的精神，以爱国主义精神和共产主义理想为支撑，推翻帝国主义、封建主义两座大山，为建立人民民主专政的新中国而奋斗不息。

（三）共产主义精神在沂蒙大地闪耀理想之光

抗日战争和解放战争时期，党号召全国人民为建立独立、自主、民主、幸福的新中国而奋斗。在这个历史时期，党仍然坚持不断用共产主义理想信念教育全国人民。毛泽东同志发表《纪念白求恩》后，全国人民努力学习白求恩同志"毫不利己，专门利人"的共产主义精神。沂蒙地区党员、干部和群众

所表现的共产主义精神同样光彩照人，众多英雄模范人物及革命先烈们的理想、信念、作风、品格都是共产主义精神的表现。沂蒙地区一系列英雄模范人物高尚的革命精神都包含着共产主义精神。沂蒙地区军民的一切革命行动都闪耀着共产主义理想的光芒。

（四）挑战沂蒙山区的大自然环境，开展生产自救

在日寇野蛮进攻、山东省国民党反动派层层封锁的背景下，沂蒙地区军民没有衣穿、没有饭吃、没有鞋袜和棉被、没有医药军需，沂蒙地区干部、群众是凭着坚韧的奋斗精神，开展了轰轰烈烈的向生产要生存的运动，用自己的双手顽强地向沂蒙山区的自然环境发出挑战，开荒种粮、纺棉织布、制造武器等，将荒草地、丘陵地变成米粮川，生产出军火、土布等物资，为革命斗争的胜利提供了经济上、武器上的支持。在解放战争中，人民解放军又在沂蒙山区一边练兵、一边支持群众搞好生产，为淮海战役的胜利提供了人力、物力的支持。

在日寇和反动派的残酷统治下，沂蒙山区出现了近 200 里的无人区。再加上严重自然灾害，沂蒙根据地人民的生活出现了严重困难。八路军第一一五师进入抱犊崮山区时吃的是又黑又硬的煎饼、几乎没有蔬菜，将士们大便干结、脸色蜡黄，只好弄些柳树芽来煮一煮或用盐腌一下，就卷在煎饼里吃。1941 年春天发生大面积春荒时，广大贫苦农民因为缺粮少食，不得不以地瓜秧、野菜、树叶和花生皮等充饥。个别地方把树叶树皮和地上的野菜都吃光了。地方党组织和八路军干部战士与沂蒙人民同甘共苦，在山区以地瓜干为主食，也吃野菜、树叶和树皮等。就连召开地县委书记会议都不能保证三餐有主食，被服供应也非常困难，八路军部队在三九严寒的天气里也穿着单衣训练和参加战斗。弹药、药品更是奇缺，有的八路军战士仅有几粒子弹和两三颗手榴弹。还有的战士只能徒手跟着部队冲锋，从敌人手里夺取武器后继续战斗。敌后根据地严重的经济困难是关系到这一地区的抗日战争能否坚持和胜利的大问题。在这生死攸关的关键时刻，沂蒙地区按照中共中央发出的"自己动手，丰衣足食"和"发展经济，保障供给"的伟大号召，党政干部与八路军干部一起积极响应、落实党中央的号召，领导广大人民群众和

八路军战士掀起了轰轰烈烈的大生产运动。

（五）军民自力更生，创下突破经济困境的奇迹

在党中央于陕甘宁边区以八路军第三五九旅为代表屯垦南泥湾时，沂蒙地区也开展了小规模的生产运动。但是，当沂蒙地区面临1941年和1942年的严重经济困难时，小规模生产运动已不能满足军民粮食和部队装备的需要。中共山东分局推动发展生产的高潮，对已经成立的民主政府实施一系列鼓励发展生产的政策和措施，把大生产运动作为沂蒙地区政军坚持抗战，突破日、伪、顽敌经济封锁，自力更生争取抗战胜利的一项既定方针。1943年12月，在莒南坪上隆重召开生产展览及劳动模范表彰大会，从此吹响了整个沂蒙地区大生产运动的号角。为了使大生产运动获得丰硕成果，沂蒙敌后根据地党员干部组织群众协作互助，按照自愿参加和等价交换的原则，以互助组、搭牲组和合作社的形式把农民组织起来实行换工和互助。各地都较好地贯彻执行了这项指示，并通过耐心教育、典型示范等办法使互助合作运动得到蓬勃发展。几年时间组织各种互助、合作的组织两万多个，从根据地到敌占区共有十几万人参加。有些县（区）将运输、榨油、医药、捕鱼、牲畜交易等行业和贸易，以劳力、物资、资金入股等办法进行股份制合作，组织成专业化、大规模的综合性合作社。在军民团结合作、群众互助合作良好氛围中实现了粮食、纺织、军工业的复兴和发展。

表10　沂蒙根据地自力更生"三板斧"创奇迹

项目	开荒种粮保丰收	广种棉，发展纺织业	军工生产扩规模
过程与人物事迹	日伪军对根据地进行严密封锁。为了解决吃饭问题，军民掀起了开荒种地的生产热潮。群众家家订劳动计划，人人订开荒指标，开展开荒竞赛，开垦出大片土地。莒南县大山前村农救会长兼开荒队长郑信，一年开荒近8亩，还组织了一个45人的开荒队，半年开荒	日军侵入沂蒙山区后进行经济封锁，军民穿衣十分困难。1942年，民主政府为扶植种棉，发展纺线、织布手工业，在各地成立了纺织局，采取各种措施推动纺织业发展。各级妇救会掀起轰轰烈烈的纺织生产运动。组织妇女举办纺织训练班、纺织指	沂蒙地区随着八路军规模扩大，兵工企业迅速发展。到1943年底，鲁南军区兵工企业发展到6个，有手榴弹厂、枪榴弹厂、绑带厂、木工厂，人员发展到1100余人。其中，枪榴弹厂不仅能制造枪榴弹、筒，还能生产反

项目	开荒种粮保丰收	广种棉，发展纺织业	军工生产扩规模
过程与人物事迹	80多亩。为此，上级授予他"劳动模范"称号，《大众日报》还发表评论，号召全省党员向他学习，争做模范生产者。沂蒙地委领导干部带头到生产点开荒生产。沂南县委书记李锋在孙祖开荒生产，边联县委书记王介福到薛家华组织变工队。到1945年上半年，共开荒14万多亩，打井2900多眼，植树100多万株，种棉24万多亩。沂蒙地区八路军提出"一手拿枪，一手拿锄，一面战斗，一面生产"的战斗口号，与群众同甘苦、共患难，利用战斗间隙开荒种地。办起了油坊、磨坊、豆腐坊、油料加工厂等作坊。由于耕地面积迅速扩大，粮食大幅度增产，群众生活得到提高，踊跃缴纳救国公粮，部队和机关的粮食供应得到有力的保证。八路军为保卫根据地人民开展生产，根据敌人掠夺活动的特点，每年都发出保卫春耕、夏收、秋收的部署。坚决打击敌人的抢掠活动。地方武装和民兵在边沿区组织联防，1943年夏，包围临沭县醋大庄据点七天七夜，掩护群众收割小麦5200多亩，使敌人眼睁睁看着农民收割小麦而不敢出来。1944年，打退了百余日伪军的进攻，使敌人没有抢到一粒粮食。	导所。妇女干部既是训练班的组织者，又是身先士卒的学徒工，很快成为传授技术的能手。莒南县委提出了"向纺车要衣"的号召。县直机关的全体同志积极参加这一活动，改变自古以来男耕女织的传统观念。县委书记李均带头拜师学艺，纺得又快又好。在他带动下，县直机关部分男同志学会了纺线，并在全县形成了纺线织布的热潮，到处都可以听到嗡嗡的纺线声和唧唧的织布声。 妇女群众组织集体纺织，开展互帮互学传授技术，不断改进旧式纺车。革新出的"猪奶子葫芦"式的大轮纺车，使工作效率提高许多倍，还把纺纱工具的纱锥改为纱口，每匹布用纱量由13斤减到8~10斤，布面光滑鲜亮，可与"洋布"媲美。在三八妇女节，各县召开群英会，表彰纺织能手。日照县碑廓区朱曹村纺织能手张厚梅心灵手巧，5天能纺2斤线，还积极发动全村妇女纺线，一天能纺30多斤，成为全县的纺线模范村。临沭县夏庄东北村陈大娘把全村80%以上的农户组织起来，成立纺织合作社，订出织布计划，将原来的小机子换成大铁机，一年她就织了570尺布，被评为纺织劳动模	坦克燃烧弹。1944年1月，山东军区发出指示，军分区兵工厂应集中力量制造手榴弹、地雷，解决地方武装和民兵的需要，中心县也要设立军工生产机构，制造土硝土药，部队继续收集弹壳，以翻造子弹。同年8月，改善兵工工人待遇，实行工资与奖励相结合的制度。当时军工生产主要靠锤子、钳子进行手工作业，有些从敌人手里缴获和自己制造的机床，有的工厂已开始以发电机、柴油机作动力。收集庙钟、铁轨、废铜烂铁作原材料，利用各种渠道购买大批电影胶片、唱片，成为制造火药的材料。经过艰苦努力，军工生产有了很大发展，不仅能够翻造、改制子弹，还制造了许多掷弹筒、掷弹子弹、迫击炮弹。改制的平射迫击炮，制造的无烟火药、步枪、轻机枪、迫击炮等，在抗战攻坚战中发挥了巨大的作用，减少了我指战员的伤亡。兵工鲁南军区生产的反坦克燃烧弹，成为日军坦

项目	开荒种粮保丰收	广种棉，发展纺织业	军工生产扩规模
过程与人物事迹		范。沂蒙地区不少县出现了家家种棉花，户户忙纺织的繁荣景象。纺织生产大发展，使根据地军民穿衣完全达到自给。根据地人民，床上有了御寒的被，身上有了遮体的衣。1944年上半年，鲁中沂蒙区的妇女依靠纺织解决了4000名难民生活。沂蒙山区的八路军部队，全部穿上了崭新的草绿色军装。	克的克星。军武器、弹药生产能力的扩大，改善了我军装备，为实行大反攻和向运动战转变作出了贡献。
备注	大生产运动不仅使沂蒙根据地克服了经济困难，保障了解放军和地方武装的供给，而且还储备了大批粮食、衣物、武器、弹药等重要物资，从而为加强对敌斗争打下了物质基础，形成了自力更生、艰苦奋斗的优良传统。		

1942年4月，刘少奇受党中央委托，来到中共山东分局和八路军第一一五师师部驻地临沭县朱樊村检查指导工作，对开展减租减息运动等问题作了重要指示。山东分局确定以莒南、临沭为减租减息实验中心县，并派出工作团分赴各地指导工作。减租减息运动在沂蒙山区轰轰烈烈地开展起来。大大提高了广大贫苦农民生产和抗日的积极性。

在党员干部组织的大生产运动中，莒南县大山前村郑信带头组织"开荒队"，半年就开垦荒地80多亩，成为生产自救运动的楷模，被授予"劳动模范"。《大众日报》为此发表社论，号召全省农村共产党员向郑信学习。靳玉翰是沂水县诸葛镇上华庄人，他领导成立的诸莒乡合作社，后被命名为"山东省模范合作社"。靳玉翰多次冒险穿过封锁线到敌占区采购药品、军火、棉花和盐等物资，供应根据地军需民用。八路军和抗日民主政府还创办了织布、造纸、印刷、制鞋、被服等工厂，并鼓励发展商业和私人企业。当时，位于平邑苍山湾一带的华丰总厂、苍山流井村的鲁南被服厂、沂南铜井金矿等，都为供应军需民用作出了重要贡献。

三、团结全社会力量抗击侵略者的爱国主义精神

正如习近平总书记所说，以爱国主义为核心的伟大民族精神是中国人民抗日战争胜利的决定因素。如果没有爱国主义精神作为重要支撑，革命斗争所需要的艰苦奋斗作风、为人民服务思想就缺乏为民族独立与建立先进社会制度的精神力量。因为党领导全国人民的奋斗不只是无产阶级本身的奋斗，而是全民族团结一心战胜敌人的奋斗。党员干部学习马克思主义，坚持彻底的唯物主义观点，坚持实事求是的世界观和方法论，为人民服务本身也是为整个中华民族服务。所以，如果没有完全、彻底的以马克思主义为核心的爱国主义精神，共产党所倡导的革命精神就丧失了全民族和整个国家的基础。由此可见，以56个民族团结一心为主轴的爱国主义精神，是革命精神及红色文化在主体上由阶级主体向民族主体的扩大和延伸，更是沂蒙精神带有地区性民族特色的基本条件反映。

抗日战争爆发后，以民族团结为主旨的爱国主义精神关系着中华民族的命运和国家的兴亡。中国共产党作为民族团结的代表性组织，在践行中华民族传统的爱国主义精神的基础上进行创新，提出了"停止内战，一致抗日"和建立广泛的抗日民族统一战线的主张，坚持又斗争、又团结方针政策，反对统一战线中的悲观主义者持有的投降、分裂、倒退的思想倾向，突破落后势力与国民党反动派设置的各种政治、文化障碍，使抗日民族统一战线不仅能够坚持下来，而且使团结一切进步力量抗击侵略者的爱国精神贯穿于全民族共同抗战的整个过程，并在全国各地区得到充分发扬，为在山东省、沂蒙地区取得的抗战胜利发挥了巨大精神作用，在建立全民族统一战线大政方针的统御下，也充分体现了沂蒙地区人民以弱制强、敢于斗争、敢于胜利的革命精神，为抗日战争走向全面胜利贡献了各阶层的力量。

1949年3月，党中央在河北省建屏县（今平山县）西柏坡召开七届二中全会，针对解放斗争形势发出夺取全国胜利只是万里长征走完第一步的明确信号。全党和全军务必继续保持谦虚、谨慎、不骄、不躁的工作作风，务必继续保持艰苦奋斗、不怕牺牲的作风。党中央的指导思想，贯穿了沂蒙地区革命斗争始终，成为沂蒙地区军民长期奋斗，坚韧不拔地开展各项工作、再

创辉煌的行动指针。

沂蒙地区人民爱国主义精神在解放战争中也有极大的发扬和充分的表现，显示了团结各界群众的巨大精神力量。在沂蒙地区敌我因素的相互关系中，一开始就存在着敌强我弱的特点，人民内部还时时发生着妥协、分裂的各种危险。沂蒙地区的党组织按照党中央发出的预见，即我必胜、国民党反动派必败的结局，沂蒙地区干部群众在临沂地区党组织和老一辈革命家的带领下继续发扬以少胜多的斗争精神，很快打破国民党军队的重点进攻，将战略防御转入战略反攻，为淮海战役的胜利写下了光辉的业绩，使爱国主义精神成为沂蒙地区光荣的革命传统。

四、实事求是形成马克思主义中国化的理论精髓

实事求是精神是中国共产党精神主体在思想方法或指导思想方面的精神。没有这种实事求是的精神或对这种精神的理解、实践出现偏差，就会导致其他几种革命精神无法发挥作用。

（一）以实事求是为宗旨推动马克思主义中国化

早在马克思主义传入中国的一百多年以前，中国共产党早期领导者将马克思主义中国化纳入革命实践中加以总结和发展，党中央一直强调将理论学习和中国革命实践相结合，反对以教条主义态度进行生吞活剥、机械照抄。按照毛泽东在《改造我们的学习》报告中提出的著名"实事求是"原则，反对脱离实际的主观主义和教条主义。[①] 这使沂蒙地区革命斗争开启实事求是的理论认知和实践活动，一切从实际情况出发、从革命斗争的时代性需要出发，开创了新的革命斗争新模式，促成了党员干部在学风和思想路线的大转变。正是沂蒙地区实事求是思想路线的确立，为抗战和解放战争的胜利提供了更加有效的思想、作风保证。为沂蒙精神与延安精神、井冈山精神、西柏坡精神具有同样地位确定了思想、作风上的根本保证。

---

① 张立梅：《毛泽东领导方法及其时代价值研究》，人民出版社，2020。

（二）实事求是使沂蒙精神具有红色文化整体性特征

实事求是、理论联系实际的精神，使沂蒙精神具有红色文化的整体性特征。这主要体现党员干部在革命斗争和后来的社会主义建设及改革开放实践中，无论从机关到基层领导都一贯坚持实事求是思想和理论联系实际的优良作风。尤其是党政领导干部带领广大群众科学地掌握了马克思的实事求是、理论联系实际的精髓，使沂蒙地区各级党组织准确、精辟地把握了当时社会基本矛盾状况，从沂蒙地区的客观实际出发，灵活制订出落实党在各个时期不同的方针政策的具体措施，恰切地解决了在革命斗争和社会主义建设各方面的问题。

（三）实事求是、理论联系实际成为党员干部自我约束标准

实事求是精神成为共产党员、干部和进步群众自我约束的严格标准，成为衡量遵守党性原则、组织纪律的标准。对在革命战争时期科学工作者和文艺工作者，依据这一理论进行教育引导，使他们将头脑中的感性知识和实践经验结合起来，广泛开展调查研究工作，有针对性地解决实际问题。在社会主义建设时期克服冒进、蛮干思想。假如实际行动中不以实事求是作为核心精神，尽管为人民服务的目的是对的，但结果却会事与愿违甚至会做出错事。实事求是精神是红色文化其他精神的科学指导，是沂蒙精神最可靠的思想意识基础和根本保证。

在沂蒙地区革命斗争和社会主义建设实践中，实事求是精神和理论联系实际的优良作风得到了极大的丰富和发展，党员干部、军队将士和人民群众以巨大的热情和实践活动检验了这种精神的正确性和指导作用。也正是实事求是理论的广泛宣传和深入人心，使沂蒙地区干部群众形成了开展调查研究的良好传统，使马克思主义哲学思想从书本上和课堂上解放出来，以理论与实践相结合的方式走到广大人民群众中间去，为从事革命斗争和建设事业的干部群众所掌握；使更为高端的科学技术、文学艺术从庭院里解放出来走向千家万户，实现了为人民大众服务的目的。

五、紧张、严肃、步调一致的协作精神

沂蒙地区干部、群众在革命战争时期体现出良好的对敌斗争原则和工作

作风。"紧张""严肃"既是沂蒙地区传统文化的重要组成部分，也是沂蒙地区干部群众在革命战争时期表现出的主要精神面貌。"紧张"一词是对沂蒙地区干部群众工作特点的概括，也就是精练地呈现了他们在从事革命斗争所赋有的雷厉风行、意气风发和只争朝夕的作风，使当代人通过文献资料和影视作品回忆当初的情景时，仍能感觉出当年那种大军压境般的急迫感和时不我待的紧迫感。绝没有一丝的松松垮垮和一毫的麻痹大意。"严肃"是指沂蒙地区党政军民落实党的方针政策和大是大非问题上具有端正、虔敬的态度。一方面要对革命斗争中的大是大非、坏人坏事旗帜鲜明、毫不含糊地进行斗争，对敌人的反动宣传更不能充耳不闻或听之任之，必须以坚定的革命信心给予有力回击，始终保持共产党人、革命者敢于同一切危害革命事业的不良现象做坚决斗争的品格。尤其是在党的方针政策遭到敌人的攻击时要立场坚定地进行捍卫，誓死保守党的机密。"步调一致"表现在革命老区党员干部和军队将士身上，就是要有严明的纪律并严守规章制度，能够随时做到个人服从组织、少数服从多数。沂蒙地区各级党组织将坚持牺牲个人和局部利益而照顾大局的观点落实在行动上；人民群众坚持党叫干啥就干啥、一切听从党的指挥和安排的原则立场。

中国共产党之所以能在革命战争以及后来的社会主义建设中取得一个又一个的胜利，就是因为内部十分团结、合作意识强，无论环境条件多么艰苦、敌人多么强大、任务多么艰巨，都具坚不可摧的战斗力。但是，不能否认每个人都有认知上的局限并因此犯下各种各样的错误，解决这些问题的最好办法就是坚持批评和自我批评，以自察、自省的方式及时高效地纠正犯下的过失和错误，在恶劣环境中和艰难困苦的条件下以团队优势取得胜利。在土地革命战争时期，沂蒙地区党组织受"左"倾思想的影响比较严重，冒险发动的四次武装起义都失败了，造成了优秀党员和思想积极上进的革命者牺牲或流亡。此后，沂蒙地区党组织进行深刻的反思，充分认识到冒进思想的危害之大和教训之深刻，在抗日战争和解放战争中与敌人斗智斗勇，以知己知彼的实事求是精神为导向而避免了许多无谓的牺牲。

批评与自我批评精神使广大党员干部经常进行组织内部自我反省，尤其是在处理内部关系和自我教育、自我发展方面的作风高标准和严要求，也成为艰苦奋斗精神、为人民服务精神继续发展的需要和保证。沂蒙地区的党员干部如果没有这种自我管理、共同进步的精神作为革命和建设过程中自觉，这一地区的革命事业、建设事业就不能得到快速发展，每一个人也就不能实现自我完善和人生价值的提高。因此，批评与自我批评、自我反省是沂蒙精神不断发展的重要方式方法，更是沂蒙精神不断升华、创新的内在助推器。

沂蒙地区的干部群众就是这样在极为艰苦的岁月中获得遵守纪律的模范、坚持党性原则的模范、拥军优属的模范、生产增收的模范等先进荣誉，为中华民族的独立和解放、为本地区的革命斗争的胜利和社会主义建设实践作出了巨大贡献，成为集旗帜性和先进性为一体的革命老区。

六、密切联系群众、全心全意为人民服务的精神

密切联系群众、全心全意为人民服务的精神是红色文化在行为上的出发点、目的、动机方面的根本精神。任何行为如果在目的和出发点上不端正、不准确，其他各方面的精神品质都不可能具有好的归结。比如，空谈敢于斗争的精神而不设定是为谁斗争，不明确精神作用的目的是什么就使行为毫无意义。假设个体不是为人民、为国家这个的伟大目标，即使敢于斗争、不怕牺牲与付出，也是很落后的腐朽精神的表现。

红色文化的最鲜明的标志，即密切联系群众、全心全意为人民服务精神是带有方向性和目的性的精神。战争年代关系到革命精神作用的终极目的和结果，社会主义建设和改革开放时期关系到政策、措施和个体行为的精神性质。因此，为人民服务精神必然是沂蒙精神的核心和实质，决定沂蒙精神的基本属性和本质内涵。

毛泽东同志指出："共产党员无论何时何地都不应以个人利益放在第一位，而应以个人利益服从于民族的和人民群众的利益。"[①] 沂蒙地区的广大党员干部也是这样做的，出现了一批学习张思德全心全意为人民服务的英雄模范人

---

① 光明日报编辑部：《我们党的百年奋斗史就是为人民谋幸福的历史》，《光明日报》，2021 年 6 月 25 日。

物。沂蒙地区党员干部与群众关系十分融洽，使为人民服务精神更加具体化、系统化、普遍化，变成广大党员、干部的自觉行动的准则。沂蒙地区各级党组织对共产党员和广大干部提出了更严格的要求，将密切联系群众的好作风落实在全体党员、干部、战士的一言一行中，使沂蒙地区的面貌焕然一新。战争年代民主政府和军队的党组织不但要求党员、干部、战士处处为群众着想，一切从人民群众的需要出发，而且带头发扬全心全意为人民服务的精神。沂蒙地区在相当长的时期出现了只见公仆不见官，没有出现贪污、腐化和营私舞弊现象，党员干部不图私利、不计较个人得失，人民群众为政府送上"为民谋利"的赞扬和肯定。社会主义建设和改革开放以来尤其是党的十八大以来，全心全意为人民服务的精神以党和政府的优质服务展现出更新的面貌、更亮丽的时代风采。

七、建立根据地民主政权，发展人民民主

建立人民民主专政体制是共产党革命精神主体发挥作用在方法、措施方面的体现，当然也是一种具有目的性、方向性的精神。这种精神在战争时期将共产党的领导力发挥到最大、最强。例如，在沂蒙老区沂南县建立民主政权，使老区人民体验到民生改善、发展生产、英勇支前的现实意义。这种精神能够体现无产阶级革命精神取得胜利的重大意义，同时在政治目的实现的同时，有利于革命精神作用的整体发挥。所以，建立人民民主专政体制精神是沂蒙精神发挥作用的目的和阶段性结果。

针对中国相当长时期处在封建、半封建社会且国民党政权在抗日战争时期实行独裁专制的实际情况，中国共产党以顶层决策的力度倡导人民民主精神。沂蒙地区到处充满了讲民主、求团结的良好气氛，许多党员干部为追求中国民主制度投身其中，他们坚信中国共产党人的奋斗目标就是实现中国的民主、独立、自由。各地党组织调动、激发各阶层人士更大的抗战积极性，很快在抗日敌后根据地沂南县建立了人民民主政权，人民当家作主成为沂蒙地区最基本、最具先进性的政治面貌。当时沂南县根据党中央指示建立的

"三三制"政权就是民主政治、民主精神的具体实践和成果体现。在革命队伍内部，人与人之间的平等关系、畅所欲言的工作局面、协调沟通的和蔼气氛、同甘共苦的一致行动、群策群力的优良作风都是当时民主精神、民主政策的生动体现。沂蒙地区在抗日战争、解放战争时期形成了官兵一致、党群一致的民主传统，随着革命斗争的胜利，民主制度的范围得到进一步扩大，民主制度在革命斗争中发挥的作用得到大幅度的提高。

从中国共产党成立的那一刻起，就将建设民主政治、实现人民当家作主设定为远大目标和坚持不懈的原则。人民民主制度从延安时期苏维埃政权开始，经过抗日战争、解放战争到中华人民共和国成立，至今已经走过了88年的历程。2019年11月2日，习近平总书记考察上海市长宁区虹桥街道基层立法联系点时，第一次提出"人民民主是一种全过程的民主"。2021年3月，"全过程民主"被明确写入"一法一规则"。2021年7月1日，在庆祝中国共产党成立100周年大会上的重要讲话中，习近平总书记又特别提出要"践行以人民为中心的发展思想，发展全过程人民民主"，在其中加入了"人民"二字。[①]人民民主制度发展到了一个新阶段。沂蒙地区1940年7月建立沂南县民主政权，虽然比延安1935年10月建立的民主政权的雏形苏维埃政权晚了五年，也为人民民主制度的建立积累了早期经验，在与共和国一同迈向人民民主制度后，沂蒙地区党员干部将人民民主精神不断发扬光大，使民主社会的治理内涵在中华文明发展的历史洪流中激浊扬清、不断升华。

八、以红色文化为基因生发而出的创新精神

创新精神的实质是敢于突破旧观念、旧思想、旧模式的局限，进行社会机制、体制的革故鼎新。创新意味着人作为社会力量的主体要充分发挥其主观能动性、思维的潜在特质，积极主动地进行社会变革，以实现社会文明、文化进步和经济发展。中国共产党自成立之日起倾力克服因循守旧、故步自

---

① 谈火生：《"全过程人民民主"的深刻内涵》，《人民政协报》2021年9月29日。

封等错误思想倾向，不断地进行社会意识形态、社会管理体制的变革和创新。中国共产党发展壮大并取得中国革命胜利的历史过程就是发扬马克思主义中国化变革创新精神的过程。在战争年代，中国共产党基于国情现状及所面对国内外对敌斗争的复杂性，制定每一个具体时间段、每一个特定地区的政策策略，以使求变创新精神演化为锐意进取、矢志奋斗的共产主义坚定信念。因此，求变创新精神是共产党人积极融入时代发展潮流，敢于突破现实羁绊，直面中国社会问题，不断实现创新突破并取得文明、文化进步的精神风貌。

党员干部善于学习、研究、创新的精神是沂蒙精神主体在队伍建设、团队协作方面的思想意识主旨。没有对马克思主义和相关科学文化知识方面的刻苦学习，没有对中国实际的深入研究，为人民服务精神和艰苦奋斗精神就没有发挥作用的理论、文化基础。善于学习、研究、创新的精神品质是革命精神发挥作用的前提，是沂蒙精神所依凭的政治基础和理论基础。

在抗日战争和解放战争时期，前方进行激烈的抗敌战斗，后方搞改革创新、发展工农业生产，努力为前线提供支持援助成为当时亮丽的风景线。在沂蒙根据地建立的民主政权为适应迅速变化的革命斗争形势要求，及时调整、完善、创新体制机制，使变革创新成为一项政权建设的重要政策，这是我党在沂蒙地区孕育的改革精神的重要表现。正是在革故鼎新精神的鼓舞下，沂蒙儿女在反帝反封建、翻身求解放中不停地求索，勇于接受新思想、新文化，敢于冒极大的风险支持革命、涌现了标志性的人物，除了八路军、游击队中战斗英雄，在后方还出现了如"沂蒙红嫂""沂蒙母亲""沂蒙六姐妹"等模范个人和集体，她们以前所未有的中华女性的英雄形象创造了支持中华民族解放事业的奇迹，成为民族历史上的伟大女性的精神坐标。在新中国建设初期和改革开放以来，沂蒙地区涌现出的创新人物、科技精英也成为时代楷模，为脱贫攻坚、发展临沂物流、建设新农村作出了贡献。

九、脚踏实地、一丝不苟的工作精神

革命战争时期，沂蒙地区干部群众以极端负责任的态度为民族、为党、为国家努力工作，无论遇到多少困难、环境多么险恶都未表现出消极失望的情绪，忠实、积极、埋头苦干、多做工作、少取报酬是沂蒙地区党员、干部、群众精神品格的具体体现。在不断升级的党员要求标准和广泛的思想教育背景下，沂蒙地区广大党员干部养成了认真负责、积极努力、一丝不苟的工作作风。

1938 年 6 月，中共苏鲁豫皖边区省委在沂南县岸堤镇创建了山东抗日军政干部学校，在抗日的烽烟中培养了两千多名党政军干部。当时虽然生活环境非常艰苦，来参加培训的学员带的被褥厚薄不一样，有的人只是带来了没有棉花的布单子，这是无法度过严寒日子的行装。负责人了解到这个情况后，就将每个人的被褥用秤称量一遍，将按标准所缺的棉花一一登记，被子的破洞用尺子量好，然后给不足斤两的同志送来所缺的棉花、布、针线，工作做得十分细致认真。类似这样在具体工作中认真负责、细致到一斤一两的工作随处可见。

沂蒙地区干部群众以求真务实、埋头苦干、一丝不苟的优秀品格，创造出许多令人称赞的奇迹，乃至在社会主义建设时期仍把"诚实能干""大平正方"作为沂蒙人的代名词。为共产主义理想信念奋斗是沂蒙精神的灵魂，以民族团结为基础的爱国主义是沂蒙精神的民族特色，在敌后根据地创建人民民主制度是沂蒙精神创造性的实践，为人民服务是沂蒙精神的核心意涵，实事求是沂蒙精神的理论指导，自强不息、艰苦奋斗是沂蒙精神的主干，批评与自我批评、进行自我反省是沂蒙精神的内在动力，学习、研究、开拓、创新是沂蒙精神的必要条件，也正是沂蒙精神各个方面的相互联结、相互作用确立了这一地区思想意识的体系性本质内涵，使沂蒙精神具有鲜明的地方历史文化特色、具有共产主义思想境界、具有经久不衰的激励作用，也使沂蒙精神在普遍性内涵的基础上形成完整的、科学的马克思主义中国化的精神体系。这个具有历史意义和现代价值的精神体系在中国文明发展的历史进程中，具有很强的时代意义和超越物质存在的思想价值，不但在战争年代发挥了不可估量的作用，在现在和未来的民族复兴和现代化强国的建设、发展进程中都将发挥出非常重要的历史作用。

第三节 沂蒙精神内涵广泛的新时期特征

国家进入改革开放新时期，沂蒙精神的广泛内涵体现在传承示范、文明创建、老区振兴、领航强基的各个方面。尤其是进入社会主义新时代以来，"以人民为中心"思想成为沂蒙精神广泛性内涵及其新时代价值所在，一步步实现了从感性到理性、从外化到内化、从拓展到还原的学理性跨越和升华，政治分量、理论含量越来越丰厚。沂蒙精神作为一个历史符号、一座精神高峰，沿着传承践行之有效路径为沂蒙地区的政治经济、科技文化的发展发挥出无比巨大的推动作用。

一、沂蒙人民以创新精神打造中国物流之都

随着国家农业、工业改革不断深入，社会主义经济发展模式成功向市场经济转型，沂蒙人民脚踏实地、开拓创新，赢得了良好、诚信的赞誉，同时也以开放的姿态和周到的服务形成了自身的物流文化品牌，在全国形成了有"南有义乌，北有临沂"的物流经济地位。

临沂市党政机关大力倡导沂蒙人自强不息、争创一流商贸新时期沂蒙精神，管理机构在进行充分调查研究后，组织专业人员制定物流业管理法规，明确物流市场的走向是现代化和科技化服务，实现商贸物流市场以点带面、以面带地区的发展战略。也正是法规和一系列管理办法的制订和执行保证了整个体系的秩序化和生产快速发展、贸易交流日益繁荣，加快向绿色物流转型的步伐。临沂市党政领导班子在人力、物力方面不断加大投入力度，在绿色物流基础建设方面优化资源配置、节能减排、仓储布局科学化、控制包装物环境污染以及废弃物物流处理场所升级等多个方面做出了具体安排，以沂蒙精神中的创新、创业精神推动物流业向更大规模、更大范围发展的同时向现代绿色物流转型升级。[1]

---

[1] 徐东升、李婧、薛舒文：《新时代沂蒙红色文化传承与弘扬研究》，九州出版社，2023，第188—192页。

　　沂蒙商城所带动的产业链上的干部群众，发扬战争年代和社会主义建设初期善于学习、自强不息的优良品质，不断吸收南方沿海地区及江浙、珠三角地区的物流文化精髓，展现出包容、创新、甘于自觉奉献的新时期临沂物流文化风貌，以别开生面的新时期物流文化创造性地发展了沂蒙精神，而物流文化所发挥的辐射带动作用激活了沂蒙地区百姓的生产经济细胞，使原生资源、再生资源在市场经济的潮流中焕发了勃勃生机，带动了整个沂蒙地区县、镇乡的经济发展和老区人民生活条件的改善。

表 11　自强不息"三步走"，创建中国物流之都

项目	第一步 "西郊大棚"聚人气	第二步 放大"物流洼地效应"	第三步 成为"中国物流之都"
过程效应	20 世纪 90 年代初，临沂市的"西郊大棚"逐渐热络，来这里拉货、送货的车辆由偶尔有几辆，很快变得川流不息，由此发展起来了货运业务，形成了早期物流"车顶装货、车厢载客"的粗放模式。三年以后，临沂市第一家专业货运配载市场以临沂汽车站为中心建立起来，周边来来往往的商户们腰上缠着装满现金的腰带、坐在人挤人的客车上，而车顶上用绳子横七竖八地捆着货物，汽车摇摇晃晃地、慢腾腾地向前行驶，成为早期的物流产业特点。几年后，临沂天源货运市场建成并因场地宽阔业务量越来越大，使这里成为货运集散地。接踵而来的盛况是，场地周围建起一排排的活动板房，	进入 21 世纪，临沂市委和政府推出建设"中国现代商贸物流城"战略，规划建设了三大仓储物流园，物流洼地效应支撑起沂蒙地区商品贸易的半壁江山。临沂市党政机关从制度管理和物流文化建设两方面强化物流服务信用等级建设，很快以"物流之都"这个地区名牌为本地区聚集经济发展资源并很快形成了商品聚集的洼地效应。以"物流成本低、运输速度快"享誉全国，而 2000 多条配载线路覆盖全国所有县级以上城市、所有港口和口岸。洼地效应的发展充分展现了"传承沂蒙精神，经济探索创新"的推动作用，也使百姓的生活出现了从未有过的巨大变化，商家也摆脱了"一个人、一部电话"的个体户式的经营模式，发展成为大型物流公司。	沂蒙人以自力更生、艰苦奋斗的红色文化传统创立、发展起来的物流业，带动工农业生产和商贸快速发展，让全国人民看到了革命老区人民的时代风采，也使临沂地区成为内地具有经济发展特色的标志性地区。在临沂市委和政府的正确领导、统筹规划、充分调动资源的战略统御下，"互联网＋物流"的商业模式成功运作，完成了公路、铁路、航空、临港物流"四位一体"新式物流体系重构。经受抗疫考验的沂蒙物流业已经成为东部地区商流、资金流、信息流聚集中心，链接了本地及周边地区工农业生产和商贸的协同发展，成就了无愧于沂蒙老区的经济文化、无愧于新时代社会主义建设

项目	第一步 "西郊大棚"聚人气	第二步 放大"物流洼地效应"	第三步 成为"中国物流之都"
过程效应	每间板房里"一个人、一部电话",实现了物流业的"信息配载"新样态,这时"前面客车跑,后面货车跟"成为沂蒙地区物流业的新景观。	随着全国经济的快速发展,临沂物流业也与时俱进地发挥整个供应链的拉动作用,实现货物运输的安全性、快捷性以及高标准仓储体系建设方面整体更新换代。	的"中国物流之都"美誉。2021年,临沂海关监管、放行出口"齐鲁号"欧亚班列137列、货值42.3亿元人民币,分别同比增长48.9%、307%。"临沂——中国物流之都"的美誉传遍欧亚大陆。
评价	2013年11月,习近平总书记在山东考察时指出:"沂蒙精神与延安精神、井冈山精神、西柏坡精神一样,是党和国家的宝贵精神财富,要不断结合新的时代条件发扬光大。"① 习近平总书记到临沂视察并发表重要讲话,给沂蒙地区干部群众带来更大信心和动力。		
媒体报道	在革命战争年代,军民水乳交融、生死与共铸就了伟大的沂蒙精神。新中国成立后,临沂采取了多种措施努力发展城乡经济。改革开放以来,临沂人民传承和弘扬沂蒙精神,解放思想、敢闯敢干,主动调整市场结构,大力培植新兴业态,使临沂发展成为中国规模最大的市场集群、重要的物流周转中心和商贸批发中心,临沂获得"中国市场名城""中国物流之都"等荣誉称号,承担着首批国家物流枢纽城市、国家供应链创新与应用、国家级市场采购贸易方式等重要试点任务。(《临沂商城,向现代物流迈进》,人民网,2021年11月01日)		

二、新时代"扶贫六姐妹"传承沂蒙女性奉献精神

新时代女性如何传承、发扬沂蒙地区女性的精神品格是解决女性树立正确的世界观、人生观和价值观的需要。尽管沂蒙女性的精神品格与一般的女权主义所包含的内容不同,但是却以红色文化结合沂蒙精神为国家、为民族甘于自我奉献的品格为风范,以革命战争中诸多"沂蒙红嫂""沂蒙母亲""沂蒙六姐妹"为实体偶像,以马克思主义和毛泽东思想为行动指南,以科学的

---

① 2021年临沂市经济社会发展统计公报,临沂市统计局网,2022-1-29。

世界观和方法论为解决现实问题的根本方法。这些红色基因的构成元素要求新时代沂蒙女性在生活和工作中摆正个人与集体、利益与道义、艰苦奋斗与物质享受之间的关系，树立为实现中华民族伟大复兴作出贡献的人生价值观。她们积极传承、发扬沂蒙地区女性的优秀意志品质，不断从社会主义新时代公民创造新历史的活动中汲取智慧和力量，充分发挥敢于开拓进取、敢于应对挑战的精神，为国家强大、人民生活幸福而努力拼搏、进取。

沂蒙女性党员干部廉洁奉公、吃苦在前、享受在后，谦虚、谨慎，各行各业的女性从业者对自己高标准、严要求，使自身成为具有完美人格、崇高信仰的新时代女性。"在中国反贫困斗争最后决战的战场上，沂蒙扶贫'六姐妹'扛起新时代'中国扶贫精神'大旗，义无反顾冲锋在最前线，激励起'社会各界自愿扶贫、贫困群众自主脱贫'的昂扬斗志，凝聚起脱贫攻坚决战决胜的磅礴力量。"① 她们用自己的汗水和智慧，将战争年代沂蒙儿女水乳交融、生死与共所铸就的沂蒙精神，在脱贫攻坚战场上闪耀新时代的光芒。

表 12　新时代"沂蒙扶贫六姐妹"风范展示

项目	两代"六姐妹"精神传承	新时代女大学生的精神品格	沂蒙女性典范的带头作用
扶贫事迹	**牛庆花心中一团火** 解放战争中的模范、"沂蒙六姐妹"之一的伊淑英在 85 岁高龄时说："没有共产党就没有新中国，这句话被历史反复证明是无比正确的。要让子子孙孙都听党的话，跟着党走。"牛庆花与伊淑英生活在同一个乡镇，受"沂蒙六姐妹"精神的耳濡目染，牛庆花心里始终燃烧着爱党、爱家乡的一团热火。当第	**"芹菜西施"的拉动效应** 王洋是城里人，从小在城里长大，研究生毕业后放弃了在城里高收入就业的机会，来到了条件艰苦的朱村。王洋结合专业优势发展电商业务，与快递公司联合建起了"快递＋电商"村级服务站。村中的张田英是个双腿有残疾的女性，一个人带着儿子生活，无论是经济上还是对儿子的教育上都存在很大的困难。王洋了解情	**"扶贫车间"喜结硕果** 女企业家曹淑云是六姐妹中的大姐大，她将自己的服装厂办得红红火火后，将目光转向了沂水县贫困的山沟，在那里租房建厂、购买机器、将农家妇女培训成熟练工人……在沂水县夏蔚镇、诸葛镇开办 3 个扶贫车间，让 146

① 新华社：新时代沂蒙扶贫"六姐妹"凝聚"中国扶贫精神"磅礴力量。http://www.linyi.gov.cn/info/2252/87493.htm，2018 年 2 月 24 日。

项目	两代"六姐妹"精神传承	新时代女大学生的精神品格	沂蒙女性典范的带头作用
扶贫事迹	一书记引导她走上电商之路后，她就扛起了全村扶贫的重任，带领16个贫困户销售蜜桃、苹果、樱桃、板栗、地瓜、花生等当地农产品。牛庆花直播带货时，县领导和好几名局长走进了她的直播间，帮她卖苹果。她说"沂蒙的土地把我养大，家乡的特产让我致富，所以我就想做点事儿回馈家乡的父老乡亲。"2022年2月3日北京冬奥会火炬在延庆世界葡萄博览园传递，牛庆花成为参与火炬接力的50名火炬手之一。 **纺织技术打开致富路** 于学艳在莒南县临港产业园莫家龙头村开办的西瓜网袋加工厂，于2015年进入快速发展期，目前已辐射带动鲁南苏北地区6个乡镇、2000余名农村剩余劳动力，其中不少都是贫困户。西瓜网袋编织方法简单，老人妇女都可制作，是农村剩余劳动力理想的增收项目。同村朱新花的丈夫车祸身亡，女儿也已出嫁，一个人孤苦伶仃地生活，除了种一亩薄地再无其他收入。于学艳主动把西瓜网袋原材料送到她家中，并教会了她编	况后到有关部门为她的儿子申请了助学金，还帮她找了一份柳编工作。有一年，朱村扶贫产业大棚芹菜出现滞销，王洋联系学校食堂、超市等销售场所，经常早出晚归地为村里的芹菜销售带节奏，就连作为女儿最重要的一天，即母亲节当天，母女也未庆祝节日，而是娘俩一起在大街上卖芹菜。她的行动感动了许多人，在临沂爱心企业和爱心人士的帮助下，两周内便销售一万多公斤。村民亲切地称她"芹菜西施"。 **"园长"热心公益，小事业传大爱** 义工林西臻是临沂市临港区坪上镇安琪儿幼儿园的创办人。她说："我小时候父母出车祸，上学的费用是陌生人资助的。现在我有能力了，就要尽自己所能回报社会，把爱传递给更多需要的人。"事业有成后她用志愿服务温暖了众多贫困家庭。她用自己的实际行动吸引身边越来越多的人加入扶贫义工队伍。她被评为"新时代沂蒙扶贫六姐妹"后，采访的媒体记者给她带来灵感，启动"安琪儿"圆梦助学计划。对困难儿童进行定点帮扶，确定十几个孩子为	名贫困群众在家门口打工。夏天遇到暴雨，有个扶贫车间被水淹了，她带领职工打着赤脚从水里抢搬机器，仅用了两天时间就完成重建并开工生产。扶贫车间职工月平均收入3000元，入职贫困群众全都实现脱贫。 **身残志坚的"全国脱贫攻坚先进个人"** 刘加芹是肢体三级残疾的女性，做心脏搭桥手术的8万元是乡亲们给凑的。身残志坚的刘加芹在扶贫政策的支持下创办了服装加工厂，自己赚到钱后，她牢记"先富不忘带后富"的原则，办起了服装加工培训班，手把手耐心教姐妹们学技术；有些残疾程度较重的人没法上班，刘加芹就给他们家里送设备、上门教技术。她还定了个规矩，残疾人每做一件衣服比常人多给加工费，提供免费伙食。同村的赵治美因病截肢，丈夫常年患病，两个孩子上学，日子十分困难。她说：

续 表

项目	两代"六姐妹"精神传承	新时代女大学生的精神品格	沂蒙女性典范的带头作用
扶贫事迹	织技术。她说："靠这门手艺,我坐在家里就能一个月挣七八百元,日子过得有滋有味的。靠自己劳动致富,没有给政府添麻烦,想想心里就特别高兴。"	帮扶对象,每学期都向孩子捐赠学习物品,探索"一对一帮扶"新模式,开辟定点高效帮扶新路径。	"刘姐是教会了我裁剪、缝制手艺,我家再也不用为生活发愁了。"刘加芹2021年2月获"全国脱贫攻坚先进个人"荣誉称号。
影响	2018年2月,新华网发表《新时代沂蒙扶贫"六姐妹"凝聚"中国扶贫精神"磅礴力量》;2022年1月,由山东广播电视台摄制的纪录片《沂蒙扶贫六姐妹》,在中国电视艺术家协会举办的第十五届小康电视节目推选活动中,荣获建党百年主题对农专题节目最佳作品。		

三、创新兴业,兰陵县建起代村国家农业公园

沂蒙地区农业生产,近年来跨入快速发展的"高速公路",2015年,兰陵县代村建成国家农业公园,经过六年时间发展,在无土种植、乡村旅游、农业技术、无公害农产品输出等方面都取得了很大的成功。2021年,村集体生产总值高达38亿元。纯收入1.6亿元,村民人均纯收入7.2万元,成为全国最典型的"家在公园中,人人有工资,户户有分红"的幸福新村。先后获得生态园富民行动村、国家4A级旅游景区、全国十佳休闲农庄、中国美丽乡村创建示范村等多项荣誉。

沂蒙地区绵延八百里的山川有着风景秀丽、英才辈出的美誉。兰陵县从春秋战国时开始就是文化名家的诞生地和儒学传播地,左丘明、荀子、萧望之、匡衡、鲍照、萧道成、王鼎钧等,是闪耀着旷世之光的思想、文化、文学名家。中国古代经济学的鼻祖荀子的经济思想对这一地区的影响一直持续了两千多年,其著名的"义利观"使兰陵人从民族大义、社会利益看待本地的经济发展。革命战争时期,代村是一片红色的热土,在中华民族面临生死存

亡的抗日战争时期，村中男女老少就树立起跟着共产党打击日本侵略者的坚定信念，投身民族解放大业，成为代村人创造沂蒙精神的真实写照。

代村党支部书记王传喜在向媒体介绍代村历史时说，代村在革命战争时期就是沂蒙红色堡垒村，抗日战争时期就成立了党支部，支援八路军打游击战；解放战争时期，英雄的"戴家村连"以村里的小汶河为天然屏障，以不足百人的连队阻击敌二十六师一个整编团十几个小时。那时老一辈的代村人不怕苦不怕死，民兵连积极参加战斗，妇救会踊跃支前，践行了"水乳交融、生死与共"的沂蒙精神。[①] 代村人将传统经济观中的"义利观"与沂蒙精神相融合，形成了如今代村人站得高、看得远的大视野，"干，就干在创新；活，就活出彩"。代村多年来一直把沂蒙精神作为选拔和使用人才的必要条件，作为村中企业职工入职的必修必考课目，处处体现沂蒙精神入心入脑、人人见于实际行动。在党支部、村委会的带领下，他们用高科技创造了乡村生态治理、绿色发展的奇迹。

第四节　新时代沂蒙精神融入生命教育效能研究

中国共产党带领沂蒙人民在革命斗争实践中，锻造了具有历史意义的沂蒙精神，作为抗日战争、解放战争中精神动力之源，推动革命斗争开展得如火如荼，为取得全国性的伟大胜利发挥了重要作用。在硝烟滚滚和隆隆炮火声中，展现了共产党思想纲领的正确性和使命担当，体现了革命者所具有的坚定的共产主义理想、信念、道德和情操。国家进入社会主义建设时期，沂蒙人民表现出当家做主人的豪迈气派，继续发挥沂蒙精神的鼓舞作用，努力发展生产力，在改造自然环境、创造物质财富方面取得了巨大成就。国家实

---

① 杨祥亮：《兰陵代村：用沂蒙精神铸牢村庄发展之魂》，《临沂日报》2022 年 2 月 10 日。

施改革开放战略以后，沂蒙地区在经济文化、教育科技方面的发展突飞猛进，打造了全球闻名的物流产业集群，书法文化、兵学文化品牌高高树起，时代风貌彰显出新风采、新面貌。

中国特色社会主义进入新时代，沂蒙精神作为巨大的精神宝库激发干部群众、有志青年努力拼搏进取，高校将沂蒙精神融入生命教育体系，在继承的基础上不断创新教育模式，教育大学生以坚定的文化自信和坚强的意志品质，在全面建成社会主义现代化强国的历史进程中发奋图强。

一、中国特色社会主义新时代需要强化红色基因教育

2017 年 10 月，党的十九大报告描绘了第二个百年奋斗目标的宏伟蓝图，开启了全面建成社会主义现代化国家新征程。全党全国人民有信心在 2035 年实现全面建成社会主义现代化强国的奋斗目标。但是，不能否认道路是曲折的，充满了各种挑战，必须通过各行各业的人民群众和科技人员、社会精英艰苦卓绝的努力。这是因为社会主义初级阶段是长期的自然历史发展过程，还因为改革开放之前社会生产力水平低，在经济、科技、文化、教育方面存在许多短板，虽然到目前为止已经补上了一些短板，但是在许多领域与发达国家相比还有一定的差距。自国家改革开放以来社会生产力以前所未有的速度向前发展，各行各业在奋起追赶和超越前方目标，但是要全面建成社会主义现代化强国、实现中华民族伟大复兴的中国梦，仍然要经历自力更生、攻坚克难、艰苦奋斗的曲折历程。

改革开放后经济快速发展、人民群众的生活逐渐实现了温饱，2020 年贫困地区全部脱贫实现了小康，但是要达到中等发达国家水平、2035 年建成现代化强国，今后的任务仍然十分艰巨。人民生活从小康到富裕的发展过程必须依靠高校培养各学科优秀人才，使其将来为国家贡献聪明才智，为社会创造越来越多的物质财富和精神财富，才能逐步实现这种蜕变。这一过程的实质是通过创新发展实现社会资本积累的过程，需要靠全国人民完善红色文化的结构布局，通过红色基因重组焕发更大生产、创新生机。

二、新时代人才需要将沂蒙精神内化为生命基质

沂蒙地区高校根据国家发展建设的现实需求，开启思想政治教育与生命教育相融合的体系建设，引导、教育新时代大学生继承和弘扬沂蒙精神，是全面建成社会主义现代化强国进程的需要。高等教育的教学管理部门和教师应充分认识学习、研究马克思主义的基本理论，善于运用马克思主义的基本立场、观点、方法去判断新形势和可能出现的新问题，在课程体系设计上针对大学生牢固树立坚定的共产主义理想信念这个根本目标，引导、教育他们无论在前进的道路上遇到何种艰难曲折和挑战，也无论国际形势如何风云变幻，都坚定地沿着党和国家所规定的正确方向走好自己的人生之路。

沂蒙精神形成于革命战争时期，在社会主义建设、改革开放的进程中得到进一步的发展，反映了这一地区的精神面貌和红色文化实质，有着极其丰富而又深刻的思想内涵。通过将沂蒙精神融入生命教育体系，在大学生的生命基质中注入坚定共产主义理想的沂蒙精神灵魂，把马克思主义的根本原理与中国社会主义建设实践相结合的实事求是精神作为获得生命价值的立足点，内化自强不息、艰苦奋斗的拼搏精神，在学习、工作中做到团结合作，将全心全意为人民服务的实际行动作为人生追求的最高标准，成为社会主义现代化建设的合格人才。

三、新时代人才需要沂蒙精神激发创新发展意识

任何一种时代精神总要伴随着时代前进的脚步而不断充实自身的内容。随着国家科学技术、文化教育的创新发展，需要对上层建筑的各种机制体制不断进行完善、调整和改革，使马克思主义中国化理论指导上层建筑适应经济发展规律。这就要求高等教育从实际出发而不是从主观愿望出发，掌控好直接制约思想政治教育与生命教育取得成效的重要因素，反对主观唯心主义、形式主义和教条主义，以求真务实的精神实现学科教学的创新发展。

全面建成社会主义现代化强国需要全社会努力实现创新发展，沂蒙精神融入高校生命教育不仅要求教学管理部门和教师脚踏实地、认真钻研，将红色文化理论科学置入各个教学环节，继续发扬沂蒙地区的好传统、好作风，自觉践行自强不息、艰苦奋斗的作风，通过奋发努力来推动和促进教学体系的改革创新。[①] 只有在全面建成社会主义现代化强国过程中把沂蒙精神所包含的创新求索精神真正以合理、科学的方法融入高校生命教育，才能取得激发大学生创新思维、提高大学生创新能力的实际效果。

在瞬息万变的社会环境条件中，沂蒙精神融入高校生命教育体系，需要教学管理机构和教师有不断地攀登新高峰的精神。进一步解放思想、勇于探索、大胆改革创新，善于探索学科融合未涉足的领域，敢于走前人没有走过的路，把生硬的理论变成"活化分子"作用于大学生的心灵深处，使实际运行的教育理念、教学模式永远充满生机而不被时代淘汰。沂蒙精神融入高校生命教育体系本身就是教育模式创新，这就决定了所运行的过程和环节永远要有新的起点和更高的目标，而没有可观望的栖息地和可以止步的终点，决不能满足于已取得的进步和阶段性成就，而是要不断地进行革新、创造、创新，追求更高的教育效能。

四、新时代人才须将"民生在勤，勤则不匮"化为内生动力

沂蒙精神以自强不息、坚韧不拔的革命斗争环境中表现出来的革命英雄主义精神、艰苦奋斗精神为重要内容，让沂蒙地区干部群众因具有地区性的精神高度而引以骄傲和自豪。在中国特色社会主义新时代，沂蒙高校将沂蒙精神特点鲜明的红色基因融入生命教育，是传承、发扬和创新沂蒙精神的极佳路径。

（一）"享"与"奢"带来人才成长的危害不容忽视

"勤"与"俭"是沂蒙精神之艰苦奋斗精神的重要内涵，也是沂蒙地区干

---

① 张洪高、刘学军、刘玉军、赵万奎：《沂蒙精神进中小学的困境、致因及突破》，《当代教育科学》2020 年第 5 期。

部群众在战争年代战胜物资、军需匮乏种种困难的法宝。国家经过社会主义建设和改革开放 40 余年的发展，虽然经济面貌和人民生活水平大为改观，但是高科技仍然距离发达国家有很大的差距，需要青年一代发扬勤俭节约、实干兴邦的优良作风。但是，现在部分学生出现了生活支出上的"高消费"，但是学习行动上却消极被动"躺平"的现象。高校从事思想政治教育和生命教育的教师和教学管理部门必须认识到大学生这种错误认知形成的危害。比如，有的学生为了追求物质生活和满足虚荣心，以单纯想法看待社会环境，不慎落入校园贷或传销陷阱，给自身生命带来了严重危机，有的人甚至在重压下走向了不归路，不仅让父母望子成龙的希望落空还陷入深重的痛苦之中不能自拔。这种现象虽然不具有普遍性，但也说明教育成效没有发挥好的事实不容忽视。

（二）将"勤""俭"与责任意识结合施教

"勤"与"俭"是中华民族的传统美德。古语"民生在勤，勤则不匮，不可谓骄"，"俭节则昌，淫佚则亡"是经过数千年历史检验的中华民族的发展之本。社会主义现代化强国建设需要国家大力发展生产力并在经济文化、教育科技等各方面赶超世界先进水平，不仅不能丢掉沂蒙精神中的勤俭自励、自强不息这一法宝，更不能有小富即安的思想意识，要通过沂蒙精神融入生命教育体系的科学模式设计，引导、教育大学生以更高的自觉性做到勤俭节约。勤，就是奋发努力、敢于拼搏，发扬百折不挠、撸起袖子加油干的自强不息精神。俭，就是要厉行节约，在学习、实践中用最少的物质消耗做出尽量多的、符合社会需要的成果；在每一天的校园生活中强化时间观念、增加责任感，努力提高学习效率；尤其在生活作风上要摒弃享乐至上的思想意识，不为满足虚荣心，脱离客观实际需要，超负荷支出。

（三）将红色文化之克勤克俭内置于生命教育体系

"俭，德之共也；侈，恶之大也。"勤俭节约是中华民族的优良传统，三国时的名相诸葛亮把"静以修身，俭以养德"作为"修身"之道。

蒙阴县野店镇的"沂蒙六姐妹"在新中国成立后生活得到了很大的改善，但是她们仍把节俭的习惯保持了一辈子。六姐妹中的伊淑英，每当孩子们给她买来了新衣服，她都非常生气并告诉孩子以后坚决不要再买了。伊淑英老人经常教育晚辈，"衣服有的穿，应节气就行，一定不要铺张浪费"。她本人一件衣服穿十几年，破了补好照样穿。伊淑英和其他五位沂蒙姐妹，随着文学艺术作品的传播成为名垂罔极的明星般的女性，却将勤俭节约的红色传统保持了一辈子。2010 年 10 月 4 日，中共中央政治局原委员、中央军委原副主席、国防部原部长迟浩田上将与伊淑英回忆当年的战争岁月，91 岁的伊淑英身着传统的红衣青裤，仍然展现出朴素大方的气韵。① 沂蒙地区高校践行弘扬沂蒙精神，大力发扬艰苦创业、勤俭节约的美德，使青年一代自觉成为红色基因的传承者和时代发展的奋进者。

"'人无俭不立，家无俭不旺，党无俭必败，国无俭必亡。'70 年前，毛泽东同志告诫全党务必保持谦虚、谨慎、不骄、不躁的作风，务必保持艰苦奋斗的作风。"② 2013 年党中央提出了"光盘行动"，2014 年 3 月由中共中央办公厅、国务院办公厅印发《关于厉行节约 反对食品浪费的意见》，要求杜绝"舌尖上的浪费"，要在生活点滴中勤俭节约继承发扬"红色传统"，北京、上海等大城市将"光盘行动"和"垃圾分类"结合起来实施，充分展现了社会主义建设新时代的中华文明新风貌。

"一粥一饭，当思来之不易；半丝半缕，恒念物力维艰。"艰苦奋斗、勤俭节约是中华民族的优良传统，作为一种精神风貌、价值取向和伦理观念具有永恒的价值和意义，永远不会过时，永远不能丢弃。为能够迅速提高我国的综合国力和加快社会主义现代化强国建设，青年一代必须以自强不息、自力更生精神为主导，大力发扬艰苦朴素、勤俭节约的优良作风，以实际行动提高我国的物质文明和精神文明的水平，不断发展生产力、解放生产力。因此，在发扬克勤尚俭的精神的基础上，实现开源节流、生态发展和创造财富并行并重。如果背离了这个原则，国家的繁荣富强、民族的欣

---

① 王晓、褚菲菲：《临沂村民眼中的"沂蒙六姐妹"节俭保持了一辈子》，《齐鲁晚报》2016 年 6 月 24 日。

② 韩宇：《艰苦奋斗、勤俭节约的思想永远不能丢》。http：//www.qizhiwang.org.cn/n1/2019/0505/c422378-31064118.html，2019–5–5。

欣向荣就会成为一纸空谈。"勤俭兴邦，奢侈覆国"，高校必须在思想政治教育、生命教育体系中将艰苦奋斗、勤俭节约的教育实现深入睿化。引导大学生养成厉行节俭的好习惯，才能使他们成为实现国家突飞猛进发展所需要的人才。

五、新时代人才要拥有"中华大爱"

中国共产党领导全国人民在实现民族独立、建设社会主义的进程中，无数精英人才、干部群众放弃"小我"的个人利益追求，以"中华大爱"之心矢志不渝，不惜抛头颅、洒热血，才实现了建立新中国的伟大理想。沂蒙地区从革命战争时期到社会主义建设新时代，涌现出无数可歌可泣的集体和个人，他们为了革命斗争、社会主义建设和国家富强勤勤恳恳、任劳任怨，有一分热发一分光，无私地奉献着青春和激情，甚至为了共产主义理想献出了宝贵的生命。这些英雄和先进人物的心灵境界和道德风貌，具有极大的示范和导向作用。高校将沂蒙精神融入生命教育体系，必须将大学生放弃"小我"、拥有"中华大爱"作为实现教育目标的重要任务加以落实。

无私奉献精神是中国共产党取得革命成功和社会主义建设的基本精神，更是沂蒙精神的核心内容。党员干部和广大群众在为全面建成社会主义现代化强国奋斗的过程中，必须顾全大局、勇于奉献，在经济利益上不斤斤计较，在大力发展社会主义市场经济的前提下提倡公而忘私、舍己为人的自我牺牲精神。高校管理者和教师必须对全面建设社会主义现代化国家的目标有明确认识，以思想政治教育与生命教育相结合的科学教育模式，培养新时代大学生具有无私奉献精神，树立起这样的观念并落实在行动中：正确处理国家、集体、团队与个人之间的利益关系；正确处理长远利益和眼前利益的关系；正确处理全民利益与小团队和自身利益的关系。大学生也只有在高等教育阶段培养起"中华大爱"之心，他们才能不因一己之私、一时之利落入迷途，给他人、自身造成伤害和损失，通过"仁化"之为突破物质生命的局限，提升自身生命的社会价值和超越性生命价值。

六、沂蒙精神融入生命教育须发挥先进人物的表率作用

生命教育中融入沂蒙精神的重要路径之一，是通过红色文化教育的不断深化使大学生从提高沂蒙精神认知入手，充分了解国家改革开放进程和个人发展路径选择的关系，主动、自觉传承沂蒙精神的红色基因，树立起自强不息、艰苦奋斗的思想观念。高校通过红色文化教育和共产主义理想的教育，使新时代大学生看到目前社会主义现代化建设中所遇到的科技发展的挑战以及经过西方反华势力的打压必须加快发展速度的新形势，在坚持社会主义核心价值观和"四个自信"的条件下，踔厉奋发、笃行不怠，为早日实现建设现代化强国建设目标而奋斗。

沂蒙地区高校大学生中的党员、团员和学生干部要在接受沂蒙精神融入生命教育体系的教育过程中，成为正确"三观"的先进人物，在党、团组织及学生团体组织的各项活动中发挥表率的凝聚力和向心力，带头在思想意识中信守全心全意为人民服务的宗旨，发扬沂蒙精神在道德建设中的引擎作用，保持吃苦在前、享乐在后优良作风。优秀学生干部要善于与广大同学团结协作，在志愿服务、社团活动中成为核心人物，摒弃自我意识及个人利益至上的错误思想，充分认识、理解、内化沂蒙精神中的红色文化元素，坚定为实现共产主义而奋斗的理想信念，以成为时代精英、优秀人才的风范影响广大同学，将个体的精神力量和智慧潜能转化为推动国家现代化建设的动力，将沂蒙红色血脉中的团结协作精神发扬光大。

七、沂蒙精神融入生命教育的保障机制

在高校生命教育中融入沂蒙精神需要以相应的规章制度作为体系中和组织形式上的保证并形成执行力。大学生的思想道德意识所处的层次不同，对红色文化、沂蒙精神对人生观和生命价值的重要意义的理解存在一定的差异。因此，教师的能力水平对教学效能的发挥将产生很大的影响。高校要对从事人文学科融合教学工作的教师建立培训、交流的长效技能提升机制，注重吸

收其他地区高校在思想政治、生命教育课程教学的经验。在教学实践中对教育内容设计方面体现红色文化探源、沂蒙红色档案研究、红色景区参观走访等具体内容安排形成制度化和长期化，以政策、规章、制度的落实保证沂蒙精神教育以多种形式、不断深入的方式融入生命教育体系，对大学生思想觉悟、奉献意识、家国情怀的构建产生重要作用，以此提高个体对社会生命价值和超越性精神生命价值的认知，在实现人生理想的进程中实现价值增值。

作为高校教学内容改革创新的重要一环，将沂蒙精神融入生命教育体系本身就是为建设社会主义现代化强国的人才目标的呼应。深入挖掘、研究、提炼沂蒙红色文化资源的丰富内涵，并将其润物无声地结合进教学内容，融入知识点传授，进而内化到学生自身思想意识中。使当今大学生自觉地传承与弘扬红色基因，焕发出更加强劲的自我发展的内生力量。

第五节　新时代沂蒙精神融入生命教育实现效能最大化

中华民族的优秀文化是华夏沃土上每个人、每个群体赖以繁衍生存的血脉，其内核具备指导性和持久性效能的特征。沂蒙精神作为中华民族优秀文化内核的重要组成部分，不是孤立的、简单的存在，而是以传统文化为依托经过漫长岁月历练与马克思主义中国化实践共同凝结形成。也是广大沂蒙干部群众在马克思列宁主义和毛泽东思想在指导下，获得民族独立、建设新中国的精神动力的重要组成部分。在全面建设社会主义现代化强国的进程中，沂蒙精神具有非常重要的现实意义：它不仅能够成为不可动摇的精神支柱，而且对高校思想政治教育、生命教育的改革创新能取得双向同步共进的效能，在提高大学生思想政治素质与形成正确"三观"方面产生深远影响，更能在人才培养模式创新方面起到纲举目张的作用。

一、助力大学生增强民族自信，树立新时代的爱国观

随着经济全球化不断深入，西方国家在遏制中国经济发展和政治影响力方面可以说是手段卑劣之极。在意识形态上倾力推行民主自由价值观，在经贸领域以加收关税的方式实行制裁，使中国现阶段的改革开放面对更加复杂、多变的世界环境。在这种外有压力、内有阻力的情况下，中国人尤其是青年一代要比以往任何时期都要不坠青云之志，坚持自强不息、自力更生、拼搏向上的精神，靠我们中华民族的智慧和每个人勤劳的双手，开辟各行业取得重大成果、赢得各种胜利的新局面。

在全面建设社会主义强国所面临的、最重要的历史时期，重视红色文化、沂蒙精神的教育作用，将其以科学化、体系化、高效化融入生命教育体系，将会给大学生带来更大的启发、鼓舞和精神激励。通过传承中华民族不为外来压力所屈服的百折不挠的精神，将其内化为坚强果敢、勇敢坚毅的独立自主精神。在国家日益走向繁荣富强的今天，同样能凭借着这种豪迈的志气和勇气，凭借热爱共产党、热爱社会主义制度、热爱新时代的爱国主义精神，团结一心，夺取全面建成社会主义现代化强国的伟大胜利。

二、党的优良传统、务实作风强化人才整体素质

自 2020 年脱贫攻坚取得全面胜利，全国各贫困县（区）完全摆脱了物质贫困的状况，全面步入小康。沂蒙地区高校在生命教育中融入干部群众爱党、爱国、爱家园思想，使大学生认识到社会劳动生产率、整体经济效能、科学技术水平与发达国家相比还存在一定的距离，强化他们的艰苦奋斗、勤俭节约意识，与社会主义核心价值观相结合，从社会主义精神文明建设、物质文明建设的需要着眼，高扬全心全意为人民服务、无私奉献精神之旗。在生命教育中融入沂蒙精神有助于大学生社会主义道德观的形成和整体人文素质的提高，有助于教育思想观念树立起人民利益至上的人生观和价值观，使党的优良传统和务实作风在人生旅途焕发时代风采。通过讲述沂蒙地区时代精英、

模范人物严谨的学风和恪守原则的作风以及艰苦奋斗精神在各行各业结出的硕果，可以充分证明红色文化和沂蒙精神是青年学生快速成长催化剂和助推器，有助于他们树立严于律己、踏实工作、鼎力创新的思想意识，最终成为中华民族科技腾飞、国家富强的栋梁之材。

三、为中华民族伟大复兴培育精英人才

沂蒙精神是沂蒙地区革命精神的集大成，也是沂蒙地区红色文化绚丽符号，更是沂蒙地区创业精神、创新精神的母本。它维系了沂蒙地区一百年来的繁衍和生存，极大地推动了政治经济、科技文化的进步和发展；它不再仅仅属于创建地沂水蒙山之域，而成为党和国家的宝贵精神财富；它也不仅仅属于昨天和今天，而是随着时间的推移超越了时空界限，愈加显出神奇的超强魅力和不朽的价值。高校在生命教育体系建设中融入沂蒙精神的各种红色文化基因，无论在对人才综合素质和正确、稳定"三观"培养都会发挥越来越重要的作用。

这就要求全国人民尤其是青年学生要具备长期奋斗的思想，不能急于求成。在面对西方国家打压、围堵的困难形势下，要对"四个自信"，即"中国特色社会主义道路自信、理论自信、制度自信、文化自信"坚定不移，一步步地克服前进中的障碍和困难，用各行各业、各个方面取得的超越性成果助力中华民族伟大复兴。

四、强化大学生"为人民服务是最大幸福"的思想观念

全心全意为人民服务是中国共产党在成立之初确定的宗旨，也是红色文化和沂蒙精神的核心内容。在革命战争时期和社会主义建设初期以及改革开放以来，为人民服务的宗旨在沂蒙地区得到了充分而具体的体现。从早期以王尽美为代表的革命家到革命军队，再到普通党员干部，都是真心实意地为人民群众谋利益。

　　高校引导、教育大学生传承和弘扬沂蒙精神，要注重引导他们学习优秀的革命传统，自觉、刻苦、坚持不懈地在学习和实践中将沂蒙精神与为人民服务的实践相结合，对大学生加强三个方面的教育和引导：一是勤奋学习，努力为他人和社会服务；二是效法身边先进人物和榜样，从点滴小事做起，自觉地进行比、学、赶、帮、超；三是以优秀人才、精英人才的高标准要求自己，一言一行都表现出新时代大学生的良好素质。高校管理层和教学管理部门要把生命教育引导大学生传承和弘扬沂蒙精神放在重要位置，引导、教育大学生做雷锋式的人物，坚持在实践中发扬沂蒙老区的光荣传统，甘当"老黄牛"、愿做"螺丝钉"，在平时的日常学习生活中坚持做好事，志愿为他人和社会服务，逐渐积累和形成宽广的胸怀和优秀的人格品质。

第六节　大学生意志品质特点与沂蒙精神融入生命课程的契合点

　　2010 年颁布的《国家中长期教育改革和发展规划纲要（2010—2020 年）》的"战略主题"中明确提出重视生命教育。如何引导中小学生探寻生命意义、勇于承担自身责任、塑造积极生活的态度，在发展生命智慧的同时提升生命价值观认识，是学校教育的重要使命。沂蒙地区人民在长期革命斗争和社会主义建设实践中形成、发展、创新了凝聚无数先烈鲜血和智慧、具有代表性的沂蒙精神。这种精神是沂蒙老区人民建设社会主义现代化强国所必需的宝贵财富。沂蒙地区高校不断创新教育改革的方法和措施，培养以坚定理想信念为核心、以传承红色基因为主线、以弘扬沂蒙精神为重点的新一代传人，这是实现党和国家人才培养目标的要求，也是时代赋予沂蒙高校的重要战略任务。

　　针对如何将大学生传承和弘扬沂蒙精神教育落实到位、如何整合思想政治教育与生命教育资源这两大问题，应对其进行有目的、有针对性、有的放矢地深度融合，首先要从整体上把握大学生的心理状态和思想基础，了解大学生对沂蒙精神融入生命教育的认可度、接受度和影响力，从而为改革教学方法和讲授课程内容奠定基础。新时代大学生同历代青年一样义不容辞地肩负历史重任，是国家政治经济、科技文化发展的有生力量，更是捍卫国家安全和利益的突击队。因此，党和国家也总是把最大的希望寄托在朝气蓬勃的大学生身上。实现中华民族伟大复兴的中国梦、全面建成社会主义现代化强国必然依靠思想道德素质高、创新能力突出的大学生。

一、学生参与社会实践的意识不断增强

在高校日常教学工作和各项社团活动、志愿服务过程中发现，一方面，学校为学生提供的社会实践机会日益增多，大学生创新创业训练项目计划、大学生互联网＋大赛等从国家级到省市校级别的大赛纷纷举办，高校和学生结合所在地域的文化及经济特色、高校育人特色及专业特长，积极申报并不断刷新最好成绩，展现出了当代大学生理论与实践双提升的综合素养。更有许多大学生积极参加"三下乡""青鸟计划""西部计划"等公益性活动，甘愿服务社会、奉献爱心，彰显了"奉献、友爱、互助、进步"的青年志愿精神。大学生积极关注中国经济高质量发展、绿色共享发展理念、中国式现代化等社会热点问题，并对此进行深度思考，发表自己的见解。另一方面，学校也积极构建了适当的相关课程体系，打造沂蒙精神融入生命教育课程的新模式，最大化发挥马克思主义理论教育、人生观教育、超越性精神生命教育的效能，真正树立起以共产主义思想为支柱的世界观和人生观，坚定党的领导和社会主义全过程民主制度的信心，为科学技术进步、人民生活改善、中华民族发展作出自己力所能及的贡献。

在实际调研中发现，某高校课程体系中人才培养目标以传承红色基因为核心，着力培养卓越乡村教师，创设并搭建教育学学科背景下具有乡土特质的学科体系和培养计划，本科阶段的教育体系除保证同普通师范生一样开设

教育教学理论知识学科这一"共性"课程外，也需要探讨具备乡土知识结构、了解乡土儿童学习发展规律的群体"个性"，比如开设了《沂蒙文化与沂蒙精神》等地方文化类课程，试图构建将沂蒙精神基因、乡土社会发展、乡村儿童发展特点等文化性和教学性知识相融合的红色文化乡土知识体系。

二、学生忧患意识与使命担当意识不断增强

自改革开放以来国家的生产力水平、各领域的科技水平和人民群众的生活水平有了翻天覆地的变化。但人民日益增长的美好生活需要和不平衡不充分的发展之间的矛盾仍旧突出，大学生对这一点具有明确的认知并产生很强的忧国忧民的意识，这也成为一种激发他们自身内在动力的积极因素。高校将思想政治教育深度融入生命教育体系的设计，首先要引导大学生树立正确的人生观和价值观，这对个人发展和社会进步都具有积极意义。改革开放与中国特色社会主义事业的伟大飞跃已经表明，任何以自我意识、个人主义为核心的价值取向，都是与国家需要和个人生命价值构建相悖的。

近年来，高校人文教育增强了大学生的责任意识与使命担当，他们能够以家国关系相互依存的传统文化为支撑，做到胸怀祖国和人民，把个人前途命运与中华民族的兴衰荣辱紧密联系起来，致力于为全面建成社会主义现代化强国、实现第二个百年奋斗目标而奋斗，以主人翁的责任担当践行全心全意为人民服务的精神。不断增强自身综合素质，提升人格品质，拓展全球意识、国际视野，积极倡导全球、全国各区域的和谐发展，积极培养创新思维、提高创新能力，满怀信心地迎接现实生活中的各种挑战。

在实际调研中了解到，在拥有红色文化传承基因的某地方高校中，实地开展了诸如"推普脱贫攻坚""重走红色革命之路""大山支教在行动"等传播沂蒙红色文化的实践活动，其中"云飞支教队"这支队伍已连续两年奔赴云南省丽江市小凉山区烂泥箐乡，开展推普脱贫暑期实践活动，成效显著。此活动既能提高师范生的能力素养，在实践的同时增加对沂蒙精神文化的了解，深刻体会沂蒙地区的乡土情怀；同时，在沂蒙文化融入课堂教学方面，结合

师范专业特色，开办七彩课堂，通过线上辅导、班级授课等形式，丰富当地学生的学习方式以及活动形式，开展"讲好沂蒙红色文化故事演讲比赛""沂蒙红色文化主题团课""红色歌曲大赛"等一系列主题活动。此类活动既能夯实师范生的教学技能，增加他们对沂蒙红色文化的专业认同感和师范类教育的职业归属感，为提升高校学生的从业意愿和专业承诺奠定基础。为传承红色基因，弘扬红色文化，沂蒙某高校成立了"红色基因代代传实践团"，开展了红色主题教育和调研活动，探索红色文化底蕴，交流红色旅游发展，完成资源对接，继承和发扬老区红色文化，助力沂蒙老区脱贫攻坚任务。此活动旨在增加对沂蒙地区红色历史的了解，感悟沂蒙精神文化的内涵，培养师范生扎根沂蒙地区的乡土情怀。

三、学生创新创业能力与职业生涯规划的不断明了

红色文化等中华民族的脊梁精神之于学生，如同"钙"之于人的身体，是为建设社会主义现代化强国而奋斗的精神之"基"，是大学生立志于科研技术创新的进取之"源"。高校思想政治教育融入生命教育，要将思想认同、情感认同、人生价值认同这"三个认同"作为出发点，培养与锻炼大学生的意志品质，使他们都能做到珍惜时间、刻苦学习、努力奋斗、不辱使命，全面提升自身的综合素质和创新能力。新时代大学生必须懂得只有具备扎实的科学文化知识和过硬的专业技能才能在未来的竞争中取得一席之地。沂蒙高校的每一位大学生都应从沂蒙精神中汲取创新创业的勇气与力量，在各自的专业领域锐意进取，为将来在科学研究中有所突破、在国家发展与民族复兴中有所作为，为全面建成社会主义现代化强国、实现中华民族伟大复兴的战略目标竭尽个人所能。

世界正在经历百年未有之大变局，中国的政治经济地位也不断提高，将思想政治教育与生命教育有机结合，可以纠正大学生在思想认识、价值取向方面出现的偏差，引导他们树立自强不息、奋力拼搏的远大志向。在教学课程设计中传承与弘扬沂蒙精神是满足大学生成才必备的综合素质需求之举。

同时，大学生积极参加到教师的研究项目中来，在科学研究和知识创新方面开拓新视野、取得新成就，直面一个个具体挑战，破解一个个项目障碍，勇于啃"硬骨头"、善于解"方程式"，不断挑战自我、不断寻求突破，为将来成为精英人才、创新型人才打下深厚的专业基础。也要注重高尚的品德修养，努力做到德、智、体、美几个方面的同时进步。在学校组织的党团活动、社团活动及社会志愿服务中踊跃表现，为丰富多彩的校园文化建设注入新活力、增加新动能。大学生投身于这些活动提高了自身的组织协调能力、完善了自我的人格品质，为他人服务的活动更是铸造了自身的高尚品德。

通过调研，目前高校通过举办学术讲座、鼓励大学生参加创新创业项目、加入教师科研项目等方式，提升大学生科研素养与科研能力。注重培养夯实大学生的专业技能，例如大学生教师素养文化节的开展有效提升了师范生的教学素养。鼓励和帮助大学生参加学科技能竞赛，增强专业竞争力。通过特色党团活动建立了师范生指导与服务体系，为师范生提供思想政治教育、生活、职业生涯、就业创业、心理健康等指导。800余名师范生参加大学生暑期"三下乡"社会实践和支教活动，反响良好。

综上所述，红色文化、沂蒙精神融入高校生命教育能够在充分涵养大学生思想境界的同时强化价值认同，对大学生形成正确的人生观起到引领作用，塑造自身优秀的人格素质，展现服务他人、努力拼搏、勇于担当的精神境界。增强大学生对"四个自信"的认识和社会主义核心价值观的认同，实现道德追求与学业进步的同频共振。红色文化、沂蒙精神与生命教育有机结合，创新了教育形式、拓宽了教育渠道，提升了学科教育的信度和置入度，充分发挥了把沂蒙红色文化优势资源转化为促进老区发展、提升地方形象的红色教育产业优势。

第五章 沂蒙精神融入高校生命教育研究的价值引领

红色文化与沂蒙精神对当代大学生构建正确的价值观存在非常紧密的关系。高校在人文学科教学工作中，应该充分将红色文化和沂蒙精神融入教学体系的各个环节。大学生耳濡目染受到红色文化和沂蒙精神的影响，促使自己树立马克思主义价值观。高校从管理层到人文学科教师都要重视沂蒙精神对大学生在价值观构建中的作用发挥，将其纳入科学、合理的课程体系设计，为大学生树立崇高的人生理想、掌握各学科知识提供最重要的精神支撑。

第一节 共产主义理想构建大学生超越性精神生命价值体系

任何生命个体的超越性精神生命都是一个强盛的动力载体，具有继承发展的独特性和延续性。这种生命价值的最大化能够在自然界之外创造出一个前所未有的精神世界，为支撑人类文明发展的文学艺术、文化教育和科学技术、政治经济等社会功能作出巨大贡献。正如人类随着科学技术的飞速发展和文明的不断推进，各个国家和地区都在创造越来越丰富的物质产品以满足不同阶层人们不断升高的生理生命需要，同时还创造门类众多的精神产品满足各阶层人们不断升高的社会生命和精神生命的价值需要，使得人类社会从当下到未来的生活都能在物质和精神两个方面的品质持续不断地提升、发展和飞跃。

人类文明发展到现在这个阶段，继续推动的力量来自个体对社会生命与超越性精神生命价值最大化所做出的努力。高校必须将社会生命和超越性精神生命价值理念深入大学生的思想意识，变成他们牢不可破的人生信念和矢志不渝的人生追求。

一、生命教育课程设计的基本理念

生命教育课程引导学生树立热爱物质生命、积极乐观审视生活的价值观，把勤劳实践、创新创业作为主要路径手段，帮助学生树立热爱生命、珍视生命、积极生活的人生态度。将以沂蒙精神为主的红色文化资源引入到生命教育课程当中，是高校落实立德树人根本任务的体现，也是推进"全员、全过程、全方位"育人的重要手段。

（一）教学目标的达成与教学资源的建设理念

知识目标的传授过程中，注重融会贯通思想政治教育、心理学等学科知识，通过深度参与式、探究式、案例式的学习方式，培养科学有效的知识运用能力和科学研究能力；在能力目标的达成过程中，培养学生将理论应用教育教学实践的能力；情感和价值目标的塑造过程中，重视体验、参与、案例式的学习方式，培养学生热爱生命、崇尚道德、积极乐观的情感；同时在课程思政方面下功夫，结合学校"传承红色基因，弘扬沂蒙精神"的定位，分模块设置思政目标；课程内容与课程资源建设方面，通过"主讲教师科研成果进教案，基础教育教研成果进课堂"活动，坚持理论与实践、课内与课外、网上与网下相结合，多元化整合课程资源；教学内容的组织实施方面，通过"教—习—研—思"的课堂教学模式，开展"问题引导、学生中心、教师主导"的教学方法改革。课程成绩评价方式方面，加大过程性评价的比重，把巩固性作业、科研理论性作业、合作探究性作业、反思评价性作业等融入平时成绩，引导学生从被动学习、"考试型"学习到主动学习、"创新型"学习的转变。

（二）理想信念使整体性和个体化的超越性精神生命升值

根植于中华沃土的红色文化和沂蒙精神，充分体现了勤劳、吃苦、奋进、创新的优秀品质，也是中华民族生生不息的强大生命力的发展和延续。自从老一辈革命家接受了马列主义革命理论，以共产主义理想作为奋斗目标，中华民族的勤劳、吃苦、奋进、创新的优秀品质就完全摆脱了长期封建意识形成的思想局限和思维禁锢，涌现了为追求共产主义理想而自觉行动、进行发明创造的模范人物。共产党人和革命群众砸碎了一个落后、愚昧的旧世界，建立了一个朝气蓬勃的新世界，因此无论是整体性的还是个体化的超越性精神生命，都显示出无可估量的生命价值升值。

（三）红色精神是整体和个体产生超越性精神生命之源

什么是使整体、个体产生超越性精神生命的主导意识和精神支柱？无可否认，就是马克思主义中国化孕育而生的共产主义理想信念，在此基础上萌芽、成长、壮大的红色文化以及具有代表性的井冈山精神、延安精神、西柏坡精神和沂蒙精神等。正所谓，一切结果的结出都有根脉，一切价值的生成都是能量的聚合。为实现共产主义理想信念奋斗是红色文化和革命精神的根脉，是整体、个体产生超越性精神生命的能量源泉。国家强大、文明进步正以无可争辩的事实向世界宣告共产主义是支柱、也是人类文明的归宿。

（四）沂蒙精神与人生观相辅相成、互相促进

红色文化、红色精神是超越性精神生命价值升值的思想源头与文化母体。高校将其生命教育深度融会、垂直契合产生高等教育的先进性特质。在革命战争处在极端困难的社会环境下，中国共产党领导全国人民依靠自己的血和汗，顽强抗战，大力建设革命根据地，得到了海内外有识之士和进步团体的支持。沂蒙地区干部群众将共产主义理想信念和沂蒙人民勤劳、吃苦、奋进、创新的优良品质相结合，形成了以自强不息、艰苦奋斗为显著特征的优良作风和光荣传统。沂蒙人民与八路军、解放军并肩抗敌斗争的历史，也使沂蒙精神形成了多角度、多层次、完整性的科学体系，沂蒙精神成为中华红色文化与马克思主义相结合形成的文化瑰宝，成为抗日战争时期克敌制胜、解放

战争时期打倒国民党反动派、社会主义建设时期战胜一切困难的法宝。沂蒙精神融入生命教育、审美观教育，需要引导大学生坚定共产主义理想信念，增强政治认同，自觉践行社会主义荣辱观、人生观和道德观，以社会生命的最大化推升自身超越性精神生命跃向新高度。

二、共产主义理想信念构建正确生命价值观

理想是一个人、一个团队、一个政党对将要实现的目标的合理想象。共产主义理想是中国共产党的本质，也是有机整体和个体的世界观、人生观的重要体现。

（一）理想信念确立个体"三观"正确性标志

以李大钊为首的怀抱共产主义理想信念的革命家，包括临沂籍的共产党创始人王尽美、曾任共青团山东省委书记刘一梦等先烈，他们为了实现共产主义理想以牺牲个体生命成就开路、拓域、博势的丰功伟绩，成为近现代历史上个体生命价值、超越精神性生命的典范，用一腔热血为百年强国树起了个体世界观、人生观、价值观的标杆。

（二）共产主义理想是奋斗的力量源泉

19世纪40年代，马克思和恩格斯在深度研究了资本主义制度的内部矛盾和人类社会发展的客观规律之后，创立了辩证唯物主义与历史唯物主义的伟大学说，提出人类追求最科学、最合理、最幸福的社会制度是创立共产主义社会，并将之确定为无产阶级的伟大理想。共产主义是人类社会发展的必然归宿，也是建立社会主义制度和共产主义社会是人类社会的历史使命。马克思和恩格斯共产主义理想的提出，不但给革命行动指明了奋斗目标，而且为实现共产主义理想架起彩虹般绚丽的路径，即需要坚定理想信念才能开拓的必由之路。

1921年，以杰出的无产阶级革命家李大钊为代表的进步人士以马克思主义理论为思想武器，以共产主义社会为奋斗目标创建了中国共产党。中国共产党从成立的那一天起，就把建立人民当家作主的人民民主专政的共和国并

使之转变到社会主义社会、最后实现共产主义社会作为革命理想和奋斗目标。共产主义理想是中国共产党人和革命人民坚韧不拔、排除万难、英勇奋斗、大公无私、不怕牺牲的精神支柱和力量的源泉。共产党人为了实现共产主义理想，不管征途何其艰难、曲折，时间多么的漫长，都坚定最终目的一定能够实现的信念。因为共产主义符合人类社会发展的客观规律，不以任何个人、阶级、政党的意志为转移，更符合全人类的共同利益。

（三）大学生以"志""爱""仁"体现人生价值

人生之大在于"志"大，人生之"爱"在于爱国，人生之"仁"在于智仁。高校将沂蒙精神融入生命教育体系，引导、教育大学生构建正确的人生观和价值观，就是落实 2016 年 7 月 1 日习近平总书记在庆祝中国共产党成立 95 周年大会上的讲话中做出的指示："理想之光不灭，信念之光不灭。我们一定要铭记烈士们的遗愿，永志不忘他们为之流血牺牲的伟大理想。"[1] 新时代中国青年、大学生和每一位有志者，只有树立起以共产主义理想信念为主轴的人生观，整个人生历程中才能创出终极生命价值，使有限的生命放出无限的光芒。

三、共产主义理想信念对人生价值追求有规定性作用

勇敢的沂蒙人民通过艰苦奋斗战胜了重重困难，从一个胜利走向又一个胜利，靠的是坚信共产主义的崇高理想，信守为实现共产主义而奋斗的铿锵誓言。沂蒙地区每一位党员、干部和广大进步人士把实现共产主义作为自己的奋斗目标和坚定不移追求的人生方向，在实现具体目标时以马克思主义作为指导思想，推翻半殖民地半封建的社会制度后建立社会主义制度，为实现共产主义远大目标而不懈奋斗。

沂蒙干部群众深知，共产主义理想与坚定的政治方向有着非常密切的关系。没有马克思主义作为指导思想，便没有中国共产党的共产主义理想；而没有共产主义理想，便没有共产党的每个具体奋斗目标正确性，也不能使坚

---

① 习近平：《在庆祝中国共产党成立 95 周年大会上的讲话》。https://www.cnr.cn/zgzb/jd95zn/zy/20160701/t20160701_522551922.shtml，2016−7−1。

定正确的政治方向产生所希望的结果。只有在任何情况下，都毫不动摇地坚信共产主义理想信念，才能保证坚定正确的政治方向。沂蒙精神就是共产主义信念和坚定正确的政治方向的集中体现。同理，沂蒙精神也是每一个体坚信的主导性精神，才使个人行为统一在整体性人生价值追求的伟大事业中。

高校思想政治教育与生命教育的有机融合、精准契合，就是要引导大学生确信共产主义理想信念对人生价值追求的规定性作用，认识、确认、奉行这种规定性作用就能够在人生道路选择时，不因迷失方向而落入歧途；在人生价值追求方面，就不会因个人私利而偏离方向。方向、道路正确就能够确保人生拥有成功的快乐、幸福和价值的不断增值。

然而，常言说得好，成功者的人生道路是曲折的，奋斗者的人生挑战无处不在。不管人生遇到怎样的风浪，只要胸怀共产主义理想信念就能够做到危急时刻有方向，困难时刻有力量。无论遇到多大的困难和挑战，只要坚持共产主义理想信念就能在跨过沟沟坎坎后抵达成功的彼岸。忆往昔，共产主义理想是共产党人战胜敌人、夺取胜利的动力和源泉，克服了中国革命各个阶段的艰难险阻，夺取革命战争的胜利和社会主义国家建设的快速发展。看未来，大学生生命个体怀有坚定的共产主义理想信念，必将为建设社会主义现代化强国创造灿烂的历史篇章。

四、人生的价值在于为人民利益鞠躬尽瘁

共产主义理想鼓舞和激发着共产党人为人民群众的利益鞠躬尽瘁、无私奉献。共产主义事业是人类历史上必然追求的最伟大的事业，而伟大的事业必须有伟大的精神才能实现。全心全意为人民服务的自我牺牲精神是共产党人的高尚品德，是中华民族的优良作风和光荣传统在民族独立和解放事业中的体现，是全面建成社会主义现代化强国的无价法宝。共产主义理想信念是沂蒙地区党员干部在战争时期自我牺牲的精神支柱，无数沂蒙先烈为建立新中国这个共同目标奋斗到生命的最后一刻。正是他们在最为艰苦的年代、生

死存亡的关键时刻毫不迟疑地牺牲自我，以大无畏的革命英雄主义谱写了一曲曲动人心魄的凯歌，也正是这种高尚的自我牺牲精神，团结了沂蒙地区不同民族、不同阶层的人民群众，做到了共产党和人民心连心。为了人民幸福的共同目标而奋斗，没有任何困难不可克服、没有任何挑战不能战胜。沂蒙干部群众以无私奉献的精神为建立新中国作出了不朽的贡献，在社会主义建设进程中创造了举世瞩目的成就。

（一）要将拼搏奉献、务实尽责作为人生目标

习近平总书记强调："拼搏奉献，就是把许党报国、履职尽责作为人生目标，不畏艰险、敢于牺牲，苦干实干、不屈不挠，充分展示了共产党人无私无畏的奉献精神和坚忍不拔的斗争精神。"[1] 人生的价值在于把善良和爱带给他人、奉献给社会发展，在无私奉献的过程中享受快乐和幸福，在为人民利益鞠躬尽瘁中创造自身的人生价值。

高校生命教育与生命教育结合的重要一点，是通过科学、精准施教引导学生进行力所能及的社会服务。积极参与到社会组织机构、公益团体和社区服务中，通过自己的专业所长和能力所及，主动帮助弱势群体和困难群众，处处以积极的心态负起应尽的社会的责任，以创造更大的社会价值实现个人生命价值的增值。

（二）传承沂蒙精神，唱响奉献之歌

无数事实表明，实现人生价值的必由之路就是为他人无私奉献、为人民利益鞠躬尽瘁。战争时期，沂蒙红嫂、沂蒙母亲、沂蒙六姐妹等模范群众以奉献精神体现了中华女性的生命价值。新中国成立后，沂蒙地区的抗美援朝志愿军先烈以及新时代"扶贫六姐妹"，将沂蒙精神中的无私奉献精神承接过来、传递下去，唱响了沂蒙精神赞歌。

沂蒙地区高校大学生成长在全面建设社会主义现代化强国需要人才的背景下，必须坚定共产主义理想信念，坚定地传承、弘扬沂蒙精神，为民族复

---

[1] 人民日报评论员：《拼搏奉献，知重负重攻坚克难》，《人民日报》2021年7月3日。

兴和人民的利益贡献毕生所学。

中国特色社会主义新时代与过去任何历史时期相比状况大不相同，虽然环境条件变了，但弘扬沂蒙精神实质不能改变，这项光荣而伟大的历史使命更需要传承和弘扬红色文化基因和沂蒙精神，激发青年学生内心强大的生命潜力。高校将沂蒙精神融入生命教育体系的内容设计，要本着毫不动摇地坚持四项基本原则的需要，坚持社会主义核心价值观，抵制西方反华势力运用各种传统媒体和网络媒体推崇的民主自由价值观，以全面建成社会主义现代化强国人才需要培养、塑造大学生的人生观和价值观。

（三）践行社会主义核心价值观

自新冠肺炎疫情暴发以来，我国政治经济、科技文化发展面临越来越复杂的国际形势，西方国家肆意抹黑打压中国。拥有创新能力、矢志不渝奋斗精神的新时代大学生担负着全面建设社会主义现代化强国的责任和使命。高校只有在提供良好学科教育的同时，提供思想政治教育与生命教育相结合的系统教育，引导、教育大学生摒弃等、靠、要的思想，反对社会上那种"一切向钱看、凡事为钱干"错误思潮；学习雷锋吃苦在前、享受在后的优良作风，培养他们为实现共产主义理想而奋斗的高尚品德；反对市场经济背景下滋生的"利益至上、损公肥己"的不正之风，提高对社会主义核心价值观的认识能力并做到言行一致。也只在思想政治教育、生命教育、审美观教育等各人文学科教育都在方式方法上不断地改革创新，才能使大学生具备良好的综合素质和进行发明创造、改革创新的能力，主动战胜学习、生活中的各种困难，将来用在各自所从事的领域取得的成就体现社会生命价值。

中国社会主义初级阶段的基本路线的实现，全面建成社会主义现代化强国目标的实现，首先需要青年一代要有战胜任何艰难险阻的勇气，要有为共产主义事业奋斗到底的理想信念。红色文化和沂蒙精神是高校为实现这两个目标培养人才的可靠保证，将其成功融入生命教育体系得以有效实施，必然会实现高等教育社会价值与教师、大学生生命价值的双赢。

第二节 以自强不息、艰苦奋斗精神
实现社会生命价值

国家开启全面建设社会主义现代化新征程,马克思主义中国化理论研究集中表现在对继承和弘扬红色文化、红色精神这个重要课题的推进与深入,在开启第二个百年奋斗目标新征程之时,回视改革开放以来理论界起伏状况不难发现,红色文化和红色精神是社会主义新时代发展、创新所必需的精神动力,是实现全面建成社会主义现代化强国的目标离不开的精神法宝。因此,传承和弘扬红色文化、沂蒙精神是高校最重要的教育内容之一,在中国社会未来发展的人才结构中,将红色文化、沂蒙精神内化为自身素质的人才必然是中坚力量并对专业技术创新和行业发展将起到重要的推动作用。

一、艰苦奋斗精神是体现社会生命价值的基础

艰苦奋斗精神不但形象地展现了红色文化、沂蒙精神所具有的特殊历史风貌,而且也恰如其分地展现了沂蒙地区党员、干部为实现崇高的理想而焕发革命干劲和工作热情。艰苦奋斗精神还充分体现了这一地区干部、群众进行开拓创新、拼搏进取的精神品格,使生命不息、奋斗不止成为沂蒙精神的精髓。

(一)理想信念和艰苦奋斗精神铺就成功之路

中国革命和社会主义建设取得的成功证明了这样一条时代价值铁律:只要心中把实现共产主义作为崇高的理想就必须发扬艰苦奋斗的优良作风。事业成功和艰苦奋斗是手足并重的关系。无论是团队或是个人的成功,也无论是哪个阶段性的成功,都是共产主义理想信念和艰苦奋斗精神以及相关因素共同发挥作用的结果。艰苦奋斗精神是以共产主义理想为灵魂,以改造社会

政治经济面貌为最大幸福的精神面貌。沂蒙地区在革命战争年代为了克服经济上的极端困难，为了打败日本帝国主义和国民党反动派而艰苦奋斗，今天是为了实现中华民族伟大复兴的中国梦而艰苦奋斗，沂蒙地区高校要为国家发展生产力、实现科技创新培养具有艰苦奋斗精神的优秀人才，并以艰苦奋斗精神教育为大学生提高社会生命价值打下坚实基础。

（二）以人的社会性推升个体社会生命价值

马克思主义的唯物史观对人的存在做出了"人的本质是人的真正的社会关系"的概括，人在积极实现自身本质的过程中创造社会关系。这一点可以解释为，人失去社会性即为他人服务的作用，所依凭的社会关系就不存在了，而人的社会关系不存在就相当于失去人的本质意义。个体为社会关系所确认就在于与他人产生联系、链接并形成社会价值确认。高校将生命价值教育与思想政治教育和道德教育进行垂直结合，就要引导大学生确认通过克服困难、应对挑战，经过艰苦奋斗获得成功，并实现个体社会生命价值的最大化。

二、艰苦奋斗精神的时代性要求充分体现人生价值

我国目前仍处于社会主义初级阶段，必须靠自强不息、艰苦奋斗实现建成社会主义现代化强国的目标。由社会主义现代化推进共产主义理想的实现是伟大而艰巨的历史使命，困难重重，不可能一蹴而就。但是，中国共产党人每当革命事业、建设事业处在困难时期甚至危机的时刻，总能坚持共产主义理想不动摇。党员干部努力做到吃苦在前、无私奉献、克服困难、激流勇进，与广大人民群众一起去争取最后的胜利。

高校思想政治教育、生命教育传承中华传统文化中不畏艰难困苦、顽强奋争的精髓，弘扬沂蒙地区在革命战争时期和社会主义建设时期以及改革开放以来干部、群众不屈不挠、艰苦奋斗的精神，以新时代马克思主义与中国实践相结合的科学理论为指针，顺应文化创新发展的规律要求和时代潮流，把在艰苦卓绝的英勇奋战中以及异常险恶的斗争环境中形成的沂蒙精神融入

新时代大学生精神品格教育，是现代化强国人才培养的一种必然，也是大学生为展现人生价值创造内因条件的一种必然。

以自强不息、艰苦奋斗为根本特征的沂蒙精神，代表中国共产党的光荣传统和优良的作风。也正是依靠这种自强不息、艰苦奋斗的精神，沂蒙地区人民在革命和建设中走出了一条具有地域特色的自强之路。在革命战争年代沂蒙精神哺育了千百万的热血青年，使他们成为争取民族解放、革命胜利的栋梁之材。在社会主义建设和改革开放的创新发展实践中，沂蒙精神哺育了一代又一代的楷模和精英，培养了成千上万为社会主义建设奉献毕生的有用之才。在深入改革开放、全面建成社会主义现代化强国的今天，沂蒙精神仍然是哺育和培养一代又一代优秀人才的力量源泉和精神食粮。

三、艰苦奋斗精神支撑人才素质的全面提升

针对沂蒙精神深蕴这一地区传统文化特点，可以从不同的视角给出不同的概括和表述。但是有一点成为普遍性的共识，这就是沂蒙精神的艰苦奋斗特色尤为突出。

（一）深刻认识沂蒙艰苦奋斗精神的三种内涵

作为沂蒙精神根本特征之一的艰苦奋斗精神包含有三层基本含义：首先，艰苦奋斗精神是一种为实现崇高理想而不畏一切艰难险阻、不屈不挠、顽强拼搏的创新、创业精神；其次，艰苦奋斗精神是人的内在因素所表现出来的自主自强、发挥人的主观能动性的主体精神；最后，艰苦奋斗精神是一种兢兢业业、刻苦勤奋的工作态度和乐于奉献的美好品德。

（二）明确艰苦奋斗精神与人才素质的递进关系

从宏观上讲，优秀人才体现人生价值的主要方面在于，从事并热爱自己的职业，进而能在本专业经过刻苦钻研成为行家里手，或具有一技之长并乐于将自己的才智贡献于社会的人。就现代化强国建设层面而言，优秀人才和创新型人才素质应具有三层基本含义：首先，要热爱所从事的工作。大事做不来、小事又不肯做的人，或者好高骛远、工作中挑肥拣瘦的人，不仅不能

成为人才，更不可能成为有大作为的优秀人才。其次，要精通本专业的前沿理论和专业技术。凡是饱食终日、无所用心、得过且过、不求上进的人也难以成为大有作为的精英人才。最后，要乐于将自己的聪明才智贡献于社会的人。凡是视才能为己有、工作中讨价还价、处处唯利是图的人，不会成为国家现代化建设所需要的高精尖人才。

（三）艰苦奋斗精神内化为人才快速成长的主导因素

世界上从来没有什么生而知之的天才，只有学而知之并在社会实践中成长起来的天才。勤奋、执着、不遗余力是一个人能否利用机遇的主导因素。机遇虽然不能只靠等待，更不能强求。但是，机遇偏爱在相关领域做好准备的智者。无数科学发现、创业成功的事实证明，只有坚持不懈、勤奋努力、奋斗拼搏的人才能抓住机遇，并利用机遇提供的客观条件发展自身才能，以对社会发展作出的巨大贡献实现人生价值。

有志者的优秀品质主要表现在，能够持续不断地勤劳善作、艰苦奋斗。也正是这种品质决定了他们以奉献为荣、以索取为耻，心无旁骛地从事自己所钟爱的事业，成为有益于社会、有益于人民的人才。

高校将沂蒙精神融入生命教育体系、创建新的教学模式，提高人文学科教学方法的科学性和有效性，帮助大学生构筑起为美好理想艰苦奋斗、勤奋努力的优秀品质，在全面建成社会主义现代化强国的进程中，兢兢业业、争分夺秒、刻苦钻研、勤奋实践，不断累积、掌控这些助力成才的内在因素，及时发现和捕捉社会环境中的各种机遇，不断挖掘和发挥自己的内在潜力，促使自身道德品质和专业能力的不断提质发展，为国家政治经济、文化科技的发展作出较大贡献。众所周知，业精于勤而荒于嬉，行成于思而毁于随。大学生如果不克服来自社会环境和媒体的享乐至上、骄奢淫逸的思想，就很有可能丧失做事原则，进而做出背信弃义之事。

四、艰苦奋斗精神是人才内外因相互作用的必然要求

人的社会性决定大学生成长与成才必然受特定的社会环境的助力或制约，

大学生个体与环境的关系是成长过程中内因和外因相互作用的结果。一方面，人才成长离不开他所处社会环境中政治经济、文化教育以及习俗风尚等产生的直接或间接、有利或不利因素的影响。作为未来肩负国家创新、改革、发展重任的人才，不仅要在接受高等教育的过程中积极能动地适应客观环境，还要主动消除客观环境和网络虚拟环境等负面影响，并用自己的行动为改造环境做出努力。马克思主义认为，人作为会思维的高级动物能够做环境的主人去开展具有能动性的实践活动，既可以为社会文明的进步提供内在动力，也能为成为优秀人才利用社会提供的外在因素。优秀人才的培养过程是自身主体能动性发挥并利用外部环境条件、发展自身专业能力和创新思维的过程。

古语"玉汝于成"说的就是经过艰苦岁月的锻炼，最后得偿所愿。回顾沂蒙地区的战斗历程不难发现，无论是日寇扫荡还是国民党反动派对沂蒙地区的封锁包围，都没有把沂蒙人民吓倒，反而大大地激发了老一辈党员、干部和人民军队共同打倒一切敌人的气概和勇气，在党中央的号召下克服暂时的物质困难，军民携手共同开创纺纱织布、开荒种地、自造器械等事业，培养出革命事业需要的治党、治军、治国的栋梁之材。新时代大学生仍然要牢记"社会主义制度的建立给我们开辟了一条到达理想境界的道路，而理想境界的实现还要靠我们的辛勤劳动"。① 优越的客观环境有利于大学生和社会青年的成长、成才，但是，有的人却会在物质生活丰富的环境里追求享乐、自甘沉沦。相同的客观条件产生不同的成长结果。这说明大学生自身的努力是成长、成才的内在条件，也就是辩证唯物主义所确认的"内因"，需要通过与"外因"的互动发生作用。客观环境具有不断变化的规律性特点，有时不能完全满足大学生个体探索、追求人生梦想的全部需要。因此，在社会主义新时代的历史条件下，仍需要大学生弘扬红色文化和沂蒙精神，具备自主自强、艰苦奋斗的精神，为充分发挥自身主观能动性利用或创造最佳时机，并能够树立自强不息的精神和无私奉献的意识。

---

① 毛泽东：《1957年2月27日在最高国务会议第十一次（扩大）会议上的讲话》，转自《重温毛泽东对青年的殷切寄语》。http://www.qstheory.cn/laigao/ycjx/2020-06/03/c_1126084570.htm，2020–6–3。

五、艰苦奋斗精神助力自身才华转化为现实成果

高校人才培养的关键，重在帮助大学生形成正确的"三观"，树立与社会主义核心价值观相契合的理想信念。高校不断创造良好的环境，使大学生在接受本专业学科教育的同时，接受系统的道德素质、法律意识、传统文化及人文思想教育，为他们将来把内在才华转化为外在现实成果提供可能性，进而成长为国家改革开放、创新发展所需要的高精尖人才。

是在教育水平很高、生活条件优渥的现代社会，人才在成长的过程中仍涉及诸多因素，有一个环节被忽视就可能使本可以成为优秀人才的青年学生走上歧路。媒体多有报道，学术成绩好、专业前景光明的大学生或研究生因法律意识不强变成罪犯，也有些在校大学生因挣钱心切失去了是非判断力，不慎落入传销或套路贷陷阱而失去生命。这些现象的发生，把高校的思想政治教育、生命教育推向了前所未有的重要位置。

（一）艰苦奋斗精神成为大学生成才的有源之水

在中国革命早期血与火的搏斗中，一批又一批的热血青年向往光明、寻求真理，冒着生命危险在沂蒙地区参加革命斗争，他们在极端困难的环境条件下团结协作、自力更生，克服物资极度匮乏的困难，锲而不舍地学文化、学技术、学军事，在顽强的拼搏中磨炼革命意志，成为革命队伍的中坚力量和英雄模范。现如今，开启了全面建成社会主义现代化强国的新征程，尽管大学生成长的客观条件较过去战争年代、社会主义建设初期有了很大的改善，但艰苦奋斗、顽强拼搏的精神不能丢。因为通过激烈竞争、受过正规教育来到高校的大学生和研究生，经过了十几个春秋的苦读，已经掌握了各学科基础理论知识，但是仍需要以攻坚克难、不断探索的精神，去掌握前沿、高端的科学技术，才能成为国家需要的优秀人才和精英人才。

艰苦奋斗精神作为社会主义现代化强国建设基本路线的重要内容，是大学生成长必须具备的心理素质，励精图治、艰苦创业、踔厉创新，为实现中华民族伟大复兴而奋斗的动力，若离开国家的改革开放和社会主义制度的优势，孤立地谈大学生的成长，这样的"成龙""成凤"就成了无本之木、无源之水。

（二）将才华转变为现实成果，突显大学生的能力价值

新时代大学生需要从红色文化、沂蒙精神中汲取营养，以坚强的毅力、顽强的拼搏精神"踔厉奋发，笃行不怠"。高校通过思想政治教育和生命教育的结合，使大学生做好长期艰苦奋斗的思想准备，在全面建成社会主义现代化强国的伟大实践中以创新精神克服困难、锐意进取、勇于实践，使自己早日能够将内在才华转变为促进国家发展的现实成果。正所谓"不经一番寒彻骨，怎得梅花扑鼻香"。沂蒙高校引导大学生发扬自强不息、艰苦奋斗精神，勤奋学习、刻苦研究，树立全心全意为人民服务的理想信念，自觉传承红色文化、弘扬沂蒙精神，在正确的"三观"的支配下，发挥与外界条件、客观环境能动性作用，成长的道路也必然越走越宽广。

第六章　融入沂蒙精神的生命教育课程内容设置

　　开展红色文化教育课题研究是共产主义理想教育的基础工程之一，是新时期最重要的教育任务，也是高等教育院校进行思想政治教育、生命教育必修课；是培养有理想、有道德、有文化、有纪律的新时代青年的战略措施。关于生命教育的内容构建，在框架结构上参照南京师范大学道德教育研究所所长冯建军教授所提倡的新生命教育，融入沂蒙精神核心内容和精神价值，同时结合相关学科课程思政的有关研究成果，提出了"个体生命、社会生命、超越性精神生命"三重生命结构，明确了"尊重自我、积极生活、实现价值"三大目标，构建了"生命认知（身心认知领域）、生命行动（技能实践领域）、生命情意（伦理价值观领域）"三大领域，规划了"人格特质、精神健康、学业精进、职业规划、实践理想、生命之美"六大主题。

第一节　融入沂蒙精神的生命价值的目标概述

　　习近平总书记在 2016 年 12 月的全国高校思想政治工作会议上强调，要坚持把立德树人作为中心环节，把思想政治工作贯穿教育教学全过程，实现全程育人、全方位育人，努力开创我国高等教育事业发展新局面。而沂蒙精神作为地方课程思政的核心，具有博大精深、多层次、广泛性的特点，融入生命教育的适应面非常宽广，更能体现生命教育在心理、意识、精神教育的承载量。

一、尊重自我是基础

尊重自我是高校生命教育课程的基础理念，旨在使大学生知晓生命起源及其发展规律，做到尊重他人、珍视自己、热爱生命。2020 年 5 月《高等学校课程思政建设指导纲要》中指出："培养什么人、怎样培养人、为谁培养人是教育的根本问题，立德树人成效是检验高校一切工作的根本标准。""帮助学生树立正确的世界观、人生观、价值观，这是人才培养的应有之义，更是必备内容。"[①] 在融入沂蒙精神的生命教育课程目标的设置上应给课程育人目标树魂，深入贯彻毛泽东思想、邓小平理论、"三个代表"重要思想、科学发展观、习近平新时代中国特色社会主义思想，努力践行"吃苦耐劳、勇往直前、永不服输、敢于胜利"的优良品质；注重发挥社会主义核心价值观的引领作用，着力在沂蒙红色精神文化中挖掘尊重生命的价值理念，着重培养甘愿扎根红色文化沃土，具备"爱党爱军、开拓奋进、艰苦创业、无私奉献"沂蒙精神特质的学子。

学生通过知晓评判心理健康的基本标准，能够初步识别自身及他人的身心健康状况；通过"水乳交融、生死与共"的沂蒙精神，知道宝贵生命的来之不易，为生命全过程铸魂。同时，通过培养自身的人际沟通能力、自我认知能力和情绪体调节能力，增强学生的身心健康体验，促进学生成为身心发展全面、红色精神铸魂、政治立场坚定、全心拥护祖国的全面发展的人。

二、积极生活是途径

积极生活是指能够主动适应社会，保持积极心态，与他人健康地交往，勇敢地面对挫折，养成良好生活习惯和积极乐观的生活态度，具有良好的人

---

① 教育部关于印发《高等学校课程思政建设指导纲要》的通知。(2020-6-1) http://www.moe.gov.cn/srcsite/A08/s7056/202006/t2020003_462437.html.

际沟通能力；能够遵守法律规范、明晰社会公共准则，同情和关心弱势群体，积极履行服务社会贡献社会的职责，具有社会公德心、正义感和责任心。

首先，用习近平新时代中国特色社会主义思想为人格铸魂，培养大学生将国家、社会、人民的价值要求融为一体的人格特质。引入中国传统哲学中"尊重自然""节欲虚心""仁爱忠恕"的生活哲学理念，构建本土"传统文化治疗学"，缓解负面情绪，积极应对生活压力应激。其次，在学习心理与学业规划方面，引入孔子关于学习的教育论述、分析《学记》《劝学》中的传统教育思想，对比传统文化"六艺"夯实学业本领。增强"四个自信"，增强对党的创新理论的政治认同、思想认同、情感认同。最后，在人际交往方面，引入"贵生和群"的理念，自觉把小我融入大我，引导大学生深刻理解中华优秀传统文化中"守诚信、讲仁爱、尚和合、求大同"的思想内涵。引入《颜氏家训》《曾国藩家训》等优秀传统的家庭教育类文化内容，弘扬廉洁齐家的家教家训家风。引入"终身学习"，培养爱岗敬业、无私奉献、诚实守信、公道办事、开拓创新的职业品格。

三、实现价值是根本

正确的人生观激发服务社会的巨大能量，人类社会的进步是人作为主体推动社会文明发展产生的结果。马克思主义哲学认为，个体对社会的贡献与社会对这种贡献的尊重、肯定、承认和必要的报偿，是体现社会价值和个体生命价值统一的重要表现。学生对生命价值持有正确的认知，是其自觉从事社会活动的构成因素和精神动力。

马克思主义认为人类活动与意识、精神相一致，人能够"使自己的生命活动本身变成自己意志的和自己意识的对象"。[①] 在学生的心灵播种马克思主义人生观的种子，引导他们学习红色文化，传承和弘扬沂蒙精神，深入理解为人民服务的精神实质，对他们树立正确、稳定的人生观和价值观具有良好

---

① 马克思、恩格斯：《马克思恩格斯文集》（第 1 卷），人民出版社，2009。

的教育效果。红色文化和沂蒙精神在社会主义建设时期的创新发展，产生了更大、更恒久的文化价值和更强劲的生命力。尤其是党的十八大后推动的精准扶贫战略，使全国的革命老区的红色文化焕发了新时代风采，涌现出了诸如新时代"扶贫六姐妹"、兰陵代村返乡创业大学生刘雁滨、临沭县曹庄镇朱村担任大学生村官的王洋等许多成就突出的大学生村官。引导大学生传承和发扬沂蒙精神，必须讲好新时代英雄模范的无私奉献事迹，使他们学有榜样、学有行动。在正确、稳定的人生观和价值观的引导下，大学生更加坚定共产主义理想信念，以坚强的意志在学业和社会服务方面取得更多、更大、更璀璨的成就。

第二节　融入沂蒙精神的生命价值的三大领域

一、身心认知领域：将人生追求与国家发展目标协调统一

身心认知领域可以使学生从生理、意识、情感等维度全面认识个体格结构及生命全程。牢固树立马克思主义世界观和方法论，坚定爱党爱军的政治立场。随着改革开放的不断深入和市场经济的发展，全国各族人民的进取心和开拓意识受到强烈的激发。首先，要把个人追求与社会发展、国家富强统一起来。习近平总书记强调"办好思想政治理论课关键在教师，关键在发挥教师的积极性、主动性、创造性"。教师应真学、真懂、真行，坚定马克思主义信仰和社会主义核心价值观，运用马克思主义世界观和方法论明晰学生的心理问题，从历史与现实、理论与实践角度帮助学生深刻理解社会主义核心价值体系的内涵，坚定不移深化文化体制改革，有序推进优秀传统文化对外开放；结合多种现当代科技创新传播形式，创新传播路径、创作优质传播内容，激发文化发展活力，发展社会主义先进文化；继承

革命文化，传承和弘扬中华优秀传统文化，发掘新时代红色革命传统文化的恒久内涵，探索通过新传播形式，扩大传统红色文化在年轻群体中的影响力和辐射力，发挥政治引领作用。[①] 其次，教师和学生要真信、真用，将沂蒙红色文化的深刻内涵，细致具体地融入生命教育的课程思政内容，结合中华优秀传统文化和新时代价值引领的典范，精心选取思政素材和编排教学案例，巧妙设计授课形式和教学流程，充分调动学生的主动性和探索欲，使思政元素潜移默化地影响学生的思想品质并使之"进课堂、进教材、进头脑"。最后，要"诚意正心""知行合一"。在课堂中应提高政治站位，遵守政治纪律，提高思想觉悟；在组织有关问题研讨、案例分析或体验活动中，守正创新，积极引导学生将个体心理成长与集体、社会、国家和民族的发展紧密相连，也要不断结合生命教育时代发展的前沿课题和科研成果，卓有成效地深耕专业学识与创新知识；同时，坚持言传与身教的统一，修身立德、行为师范，严格要求自身，做到课上课下、网上网下、校内校外知行合一。

二、技能实践领域：使理论高度和实践运用共同提升

技能实践领域主要是指掌握自我探索技能、心理调适技能及发展技能（人际关系处理、环境适应训练、职业生涯规划等），用"和合"思想与"人类命运共同体"意识正确处理个体与集体、社会、国家、民族关系，牢固树立开拓奋进的思想意识，保持艰苦奋斗、脚踏实地、任劳任怨的优良作风。高校应充分利用丰富的红色资源，创新思想政治教育与生命教育的输出方式，结合沂蒙红色经典形象，做到理论应用于实践，调动大学生学习、研究、践行沂蒙精神的热情和主动性，扩大创新教育模式的辐射力范围，使大学生的个人意志服从国家意志，个人情怀融入民族情怀，个人生命价值汇入建设社会主义现代化强国的总体价值。

---

① 求是网：习近平总书记对思政课教师提出六点要求。http://www.qstheory.cn/laigao/ycjx/2020-09/02/c_1126442560.htm，2020-9-2。

"不谋万世者，不足谋一时；不谋全局者，不足谋一域。"（[清]陈澹然《寤言·卷二·迁都建藩议》）革命先烈、老一辈革命家和广大沂蒙干部群众在中国共产党的英明领导下，在民族危亡之时抛弃个人得失，为民族独立和人民解放的事业不惜牺牲一切，而这也铸造了"水乳交融，生死与共"的沂蒙精神。

三、伦理价值观领域：把悦纳自身同惠及他人紧密结合

伦理价值观领域主要是指既能悦纳自身又能帮助他人，尝试探索既适合自身发展又适应社会要求的良好生活状态，通过做义工等形式定期参与社会活动，将自身专业与社会需求紧密结合。引入无私奉献、顾全大局的价值取向，增强大学生的自我认知、自我体验、自我调节，既要悦纳自我，又要帮助他人，尝试探索适合自身发展又适应社会要求的良好生活状态。

大学生的价值追求如果不与国家、集体利益相协调就会造成双方在价值取向上的冲突。近年来，有的公众人物大讲要让人的"个性"不受拘束地"自由发展"，使一些思想意识认识不清的大学生产生了价值认知的偏航。这是从西方哲学中直接搬运过来的错误的人生观和价值观，导致大学生只从自我意识出发、以个人喜好的视角去评析社会现象，结果产生了是非混淆、现象与本质混淆的一系列恶况。新时代大学生只有把自己融入全面建成社会主义现代化强国的伟大事业中，才能实现生命的意义和人生的价值。高校生命教育应与思想政治教育、审美观教育等人文学科联合发力，影响并引导大学生树立积极、稳定、正确的人生观和世界观和价值观。

沂蒙精神与马克思主义有着共同的意识形态属性，蕴含着具有同一性的生命价值取向。新时代大学生要坚定共产主义理想信念，学习沂蒙地区早期革命家和社会主义革命与建设的精英人物，在文化的哺育中觉知自身使命，激发修身治国的勇气与热情，以积极进取的姿态担当更多的社会责任，实现人生的价值。

第三节　融入沂蒙精神的生命价值的六大主题

选取"人格特质、精神健康、学业精进、职业规划、实践理想、生命之美"作为沂蒙精神生命价值的六大主题，从"文化渊源、革命时期、新时代"一以贯之的时间脉络融入沂蒙精神红色文化元素，构建科学合理的高校生命教育教学体系。同时，坚持以"学生为中心，产出导向，持续改进"为教学理念，提升学生的主动参与、积极思考的实践理念，加强学以致用、实践为重的学习体验。

一、人格特质、精神健康

在人生价值的视角下，新时代高等教育要求大学生传承、弘扬沂蒙精神，这就要使他们学习精英人物、时代楷模的内在品格，建立爱自身、爱国家、爱人民所从事事业的崇高理想。在科技发展上成为鞠躬尽瘁的"博士"，在对敌斗争中做坚强的"战士"。面对国际社会不时对中国政治、经济、科技等领域干预与封锁的情况，作为国家栋梁之材的大学生必须挺身而出、做英勇的"战士"。大学生以此种基准不断修正理想的标尺、端正前进的方向，把人生价值融入建设社会主义现代化强国的伟大事业中，将自身社会价值、精神价值辐射到更广阔的领域以形成传递效应。

"踔厉创新，行义达道。"沂蒙精神中的创新精神在战争年代表现在追求进步、奋发御敌的整体性和一致性，军队和群众做到万众一心、齐心共进。人类社会的进步总是在有所发现、有所发明、有所创造中向前推进，中华民族本身就是依靠自力更生、艰苦奋斗才建立自己民族的文化与文明。著名教育家陶行知曾这样解读人的创造活动："处处是创造之地，天天是创造之时，人人是创造之人。"

抗日战争、解放战争时期共有 20 多万沂蒙儿女积极主动报名参军，为了支援前方作战有 100 多万群众参加支前，涌现出许许多多的战斗英雄和拥军模范，其中 3 万多沂蒙儿女牺牲在沂蒙大地，为民族独立和人民解放作出流芳百世的、可歌可泣的贡献。新中国成立时期，沂蒙地区干部群众创新精神的主要表现为，百废待兴时不依赖国家、不向上伸手，靠自身干劲和智慧改造地区的自然面貌，在蒙山沟、沂水岸建设美好家园。在这期间，涌现出朱富胜、李以丰等全国著名的英雄模范人物。在 1960 年代困难时期，支援其他地区 120 万吨粮食。国家改革开放后，党和政府组织干部群众开展多种多样的弘扬沂蒙精神活动，做到了经常化、形象化、社会化和具体化。当代大学生应该通过各种途径培养自我的创新能力。为此，生命教育与其他人文学科融合，必须把树立创新意识、掌握创新方法、培养创新精神、逐步提高创新能力作为深入研究和教育成效的重要内容。

沂蒙高校生命教育体系的改进和完善，就在于教育大学生深刻认识沂蒙创新精神的基本内涵和重大意义，强化创新型思维，了解沂蒙精英和优秀人才的思维导向、思维方法，培养学生的科学研究素质。大学生不应总在被动学习，而应在实践和探索中去发现、去思索、去推动，养成发现问题、研究问题、解决问题的思维习惯，形成主动求索的精神和奋力进取的性格。沂蒙地区的老一辈革命家、社会主义建设初期的先进模范以及当代精英已经为大学生树立了创新创业的榜样，大学生在高校教师的引导下将专业发展与职业规划有机结合，构建更合理的知识体系，探索和学习创新方法，切实提高自身创新能力，在学习、研究、实践的过程中逐步形成创新型思维特质。

二、学业精进、职业规划

"百年大计，教育为本。"我国在全面建设社会主义现代化国家的新征程上，党和国家事业发展对高等教育的需要，对科学知识和优秀人才的需要，比以往任何时候都更为迫切。高等教育要将大学生培养成国家现代化建设需要的优秀人才，就要启发、引导他们自觉地以艰苦奋斗精神约束自己，勤奋学习、刻苦钻研，发展自身的创新能力，使之养成艰苦朴素、勤俭节约、先人后己的良好习惯，为将来服务国家和人民奠定基础。生命教育融入红色文化和沂蒙精神教育必须要深入挖掘各行业的先进人物、新时代精英的心理特质与典型事迹。

在党的领导下，沂蒙地区涌现了一代又一代精英、英雄人物。沂蒙人民大力发展商品经济，向生产的广度和深度进军，涌现出一大批具有时代特色的先进典型，将沂蒙创新、创业精神发挥到了极致。平邑县九间棚村党支部书记刘加坤，率领群众在极为恶劣的自然环境中，修路、通水、通电，在海拔 600 米的山顶上解决了小村庄的水利问题，并走上了发展社会主义市场经济的道路。沂蒙精神蕴含着创新思维，是蕴涵丰富的历史"矿藏"，是古代著名的哲学家、经济伦理思想创始人荀子的第二故乡，指引沂蒙老区人民实现了从"四塞之崮"到"物流之都"的跨越式发展。这些都实践了马克思主义的重要观点：人类社会的功能在于认识世界和改造世界，沂蒙人的创新精神以沂蒙地区经济文化的快速发展为重要标志。

出生于临沂的徐叙瑢院士，1945 年毕业于西南联合大学物理系，1950 年加入中国共产党，不久被派往苏联科学院物理研究所学习深造，1955 年获苏联科学院列别捷夫物理研究所副博士学位后回国。1980 年成为中国科学院院士。徐叙瑢院士将毕生贡献于祖国的科学事业，被誉为中国发光学的主要开创者和奠基人，在中国科技大学开创了第一个发光学专业，他常说自己的责任就是增强青年一代的科技竞争力，将他们带到国际比赛的起跑线，让更多的年轻人青出于蓝而胜于蓝。生于郯城的彭艳是喝着沭河水、吃着山东大煎饼长大的著名女科学家，现任上海大学人工智能研究院执行院长、上海大学无人艇工程研究院院长、教育部海洋智能无人系统装备工程研究中心常务副主任。彭艳带领团队攻坚克难，研制了"精海" 9 个系列无人艇，取得了举世瞩目的成就。这些沂蒙地区涌现出的精英人物都是"精神战士"，为当代大学生树立起带有沂蒙文化光芒的榜样。

沂蒙地区高校在多种人文学科教学融合中，确立起近百年来知识分子的精神坐标。高校应在生命教育课程内容中增强对沂蒙精神的植入，以"踔厉创新，行义达道"为人生追求的最高目标，着力培养大学生在事业上主动进取、求新立异的自信心和勇气，在国家各种政策支持下，在团队力量的加持下奋发图强、求索创新。

三、实践理想、生命之美

生命教育的内涵既体现于通过把握生命本真的动态感受敬畏生命、尊重生命之悟，也体现在通过切实劳动、实践奋斗获得生命之力，更体现在通过实现理想、追求卓越实现生命超越之美。审美教育，通常也被称为美感教育，简称为美育，是培养人们正确的审美观点、高雅的审美情趣、提高审美的鉴赏能力与创造能力的一种教育。美育在高等教育中的作用在于以更广泛、更深入的教学内容陶冶大学生情操，完善他们的人格品质，不断激发他们对现实生活的浓厚兴趣，并提高他们对客观事物的审美水平，培养大学生情趣高雅、身心健美的良好人格品质。

审美观作为社会意识的集中反映，能够在审美研究视域里反映出人们的理想、愿望和时代精神。大学生树立正确、稳定的审美观不是短时间就能达成的教育成果，需要在教育方法上注重运用潜移默化的方式，对审美教育实施长期工程，更需要注重审美教育和审美实践活动相结合而产生的双重效能。这就需要生命教育等相关课程能担当起审美教育的任务，使审美教育尽可能深入大学生学习和生活的各领域、全角落。审美观是"三观"的重要组成部分，解决的主要问题是什么是美、美从何处来、如何进行审美创新等问题。审美观不仅仅是抽象的观念，还需要同具体的声、色、形象、境域结合在一起。

马克思主义审美观认为，个体是历史的、鲜活的"人"，是自在的、自觉的并具有创造性的"人"，也是具有审美素质和实践性审美能力的"人"。因此，在审美观所形成的体系中也具有相当浓重的情感色彩和时代特点。古往今来的艺术作品、遗留下来文物体现了人类心灵爱美、寻美、塑造美的天性，这些也让现代人可以感触到不同时代、不同阶级、不同族群人的思想和情感变化的脉搏。在人类历史发展进程中，对美学追求的案例数不胜数，在文明的继承与创新中交织着积累和创新两个共生的维度。

这就需要我们以马克思主义人本思想为指导将审美观教育纳入高校生命教育体系，通过课程设计、环境美育、红色文化与沂蒙精神美育的多元融合，以数据化、信息化为依托，多平台共享，全面构建新时代生命教育、思想政治教育的育人机制。高校组织大学生学习、理解、内化马克思主义中国化的美学理论和红色文化精髓，促进大学生树立正确、稳定的审美观，迸发与时俱进的审美创造力。这就要求高校在审美观教育中融入红色文化和红色精神，认真学习、研究经典红色作品、美学理论，以便于大学生学习、掌握和灵活运用马克思主义中国化的美学理论。

体会艰苦奋斗、自强不息之美。自强不息、艰苦奋斗是中华红色文化和沂蒙精神的内核，是凝聚国家力量和社会共识的精神动力。高校实现沂蒙精神与生命教育的有机结合，需要大学生将党和国家在新时期倡导自强不息、艰苦奋斗的精神实质与个人价值和幸福生活紧密联系，使每个生命在社会主义现代化强国建设中能创造价值。因此，需要树立永不放弃、永不止步、持续奋斗的幸福观。伟业成于苦干实干，幸福源于艰苦奋斗。没有艰苦奋斗就没有真正的幸福快乐，同困难做斗争并取得胜利才能获得超越世俗的、高层次的幸福快乐。只有拼搏奋斗，才能实现理想，带来人生真正的幸福快乐。目前，中国仍处在社会主义初级阶段，全面建成社会主义现代化强国所面临的艰难困苦超乎想象，更需要青年一代发扬自强不息、艰苦奋斗精神，战胜艰难困苦，认识必然王国的领域，进而开拓向自由王国发展的领域，获得更高精神品质的幸福快乐。

最后，在沂蒙精神融入方法的路径层面，应注意以下原则：首先，注重"个体素养＋社会支持"的结构性原则：结构上发挥内源性因素，积极调动学生主动参与对生命的思考。同时发挥学习共同体等外源性因素，将沂蒙精神融入学校环境，通过红色文化历史博物馆、图书馆的红色文献收藏中心、学院公众号和学报的沂蒙精神专栏，促使沂蒙精神"入脑""入心"。其次，注重贯穿课程前中后阶段的过程性原则：建立以学生为中心的学习共同体。将工程手段与人文手段二者结合进行探索、试运用，即建立生命教育"前、中、后"全程主题体验式教育氛围。"课程前"采用"文字材料＋视频学习＋问题导向"学习模式；"课程中"从话题背景知识和学术研究视角总体呈现研究脉络"课程后"注重多元过程性评价方式，开展开放合作、互助交流，倾听学生时代之声；"课程后"注重多元过程性评价方式，主要考查学生从认知、行为、品德等方面考查学生是否存在反思行为以及自我是否对此做出改变。最后，践行显性教育和隐性教育相结合的浸润性原则：既要深入梳理课程教学内容，又要结合不同教学主题深入挖掘沂蒙文化元素，使其有机融入课程教学环节，达到润物无声的育人效果。此外，要充分发挥教师在教学中的关键作用。教师应真学、真懂、真行，坚定马克思主义信仰和社会主义核心价值观，教师要深挖教学内容的本质内涵，找准课程思政的融入点，"诚意正心""知行合一"，真正做到言传与身教的统一。

第七章　融入沂蒙精神，
礼赞生命之美

成功与荣耀是奋斗的结果，也是人生幸福的奖章。新时代大学生锐意进取、顽强拼搏，致力于所在专业、行业的求索创新。在中国特色社会主义建设新时期的时代背景下审视一个大学生的理想是否崇高，最主要的标志是看其能否跳出个人主义的小圈子，以老一辈革命家的牺牲精神和时代精英奉献精神为人生坐标。

马克思主义认为社会存在决定社会意识，社会意识反作用于社会存在。审美观作为审美意识的集中表现是社会存在的产物。个体审美观的形成取决于教育背景、社会环境、人生经历等方面的影响，马克思主义美学思想，把审美意识与生产劳动联系起来揭示了美的本质，也科学地揭示了美的起源和发展、成熟和完善的进程。马克思主义把审美意识作为受生产力和生产关系发展制约的意识形态，为理解审美的时代性、民族性、多样性指明了方向，也为马克思主义者树立正确的审美观提供了最佳路径。

第一节　审美观教育体现"真""善""美"的
辩证关系

在人类文明的漫长发展进程中，"真""善""美"是永恒不变的追求，也是"三观"尤其是人生观和价值观所涵盖的重要组成部分。"真""善""美"与生命教育具有同一性关系。凡是符合客观规律及其本质属性的东西被称为"真",反之被称为"假"。人类改造世界的行为必须符合客观世界的规律。这个"真"在哲学范畴显示为"真实"。"美"是对人的符合规律性的行为和结果的一种肯定。由于具有了这样的规定性,"美"必须以"真"作为基础,没有"真"也就没有"美"。在现实生活中,"真"是"美"的基础也表现得十分明显。真诚而不虚伪的人,即便有某些缺陷仍然值得大家尊敬和赞扬,是因为他们的身上体现的是质朴的人性美。"善"在中国文化的传统意义中是指"仁善",凡是符合人的社会属性需要的正当行为,称为"善",反之就是"恶"。个体的利益、需要和目的表现为社会性。不同的社会集团、不同的利益族群因需要和目的不同存在不同的善恶观念。只有符合社会文明发展方向的利益、需要、目的所产生的行为,才是真正意义上的"善",否则就是"恶"。

"仁善"在中华民族传统文化的发展进程中体现为规定性要求。"美"的目的指向性归结于向"真"与向"善":"美"与"善"在人类社会文明的发展中构成了统一性的关系。美是对人的行为符合社会文明发展程度的笃信与赞扬,即对"善"的肯定。"善"不仅是"美"的前提,而且是美的本质归宿。比如"美"的甲骨文"羊"和"大"构成,"羊大则美",可以解释为体态肥大的羊吃起来味道鲜美。在这里,美与实用性产生直接的关系,即与"善"的本意相统一。

以向真、向善、向美的教育元素布局生命教育。符合客观规律的即被命定为"真""善""美",这些总能鼓舞人们去热爱生活、陶冶情操、振奋精神,并且激发为真理、为光明的未来而奋斗的信心和激情。这一点,与生命教育的本质具有同一性。生命教育以向真、向善、向美的教育元素布局"三观"教育,本质在于学生能否在满足自我需求时,能将惠及他人、有益社会作为做事的标尺,能做到心存自然、和谐共生的心灵境界。这就需要引导学生将自我命运同人类社会、国家民族的命运紧密结合起来,建立美美与共的命运共同体理念。在实现自我、关心他人、贡献祖国与服务社会、推进民族发展与改写人类命运的过程中,真正体验生命的丰满和心灵的充实。高校生命教育与审美观教育所具有的这种统一性要求,为进一步完善高等教育体系中的人文素质教育内涵开拓了新领域。

第二节　马克思主义审美观的特点及教育体验

马克思主义历史唯物论的创立揭开了人类历史发展之谜，同时也为马克思主义美学的发展奠定了哲学基础。我们国家在中国革命和建设的历程中形成了马克思主义美学理论中国化的理论体系。

一、马克思主义审美观的诱发性，决定教育形式多样化

高校开展马克思主义中国化的审美观教育，协同智育、德育等多种教育方式能够带来更高、更深、更远的教育价值。学生对美好事物的感应、喜爱、赞美要靠事物本身的魅力去唤起，而美好事物本身又恰恰具有诱发、诱导、诱激的特性。比如极具审美价值的音乐、舞蹈、绘画、雕塑、影视作品等都会使人自然而然地产生一种惬意、舒爽、奋发的情感体验，形成较高层次的精神享受。正是美育具有这种诱发性特点，要求马克思主义审美观教育应当采用丰富多彩的教学方法。又因为学生的性格、气质、经历、文化修养等各不相同，应该在理论教学的同时结合特点鲜明、活动丰富的教学方法，引导学生树立正确的审美观，在思想上追求更高层次的审美意识，增强发现美、追寻美、创造美的潜质。

马克思审美观教育的具象性，决定了马克思主义审美观教育不能采用抽象说教的方法，而是要伴随着具体的形象、情境来进行。这是因为美好事物总是通过形象性、情境性体现其独有的美学特征。车尔尼雪夫斯基说："美是在个别的，活生生的事物，而不在抽象的思想。"因此，高校将美育融入生命教育体系需要注重美的具体性、形象性和情境性，以产生较强的美育功能。

美感的产生本身是由美的形象、美的情境所唤起，相反，如果离开美的形象和情境就不能产生人体的美感反应，因此美育必须通过具体、鲜明的形象或由相关事物构建的情境来实现。

二、马克思主义审美观教育通过"美"的结果体现价值

马克思主义中国化形成的审美观是最具先进性、时代性、多样性的审美观，是指导人们开展各种审美活动的主要指导思想。这种审美观要求以共产主义理想信念为前提形成审美观点、审美理想和审美标准，要能按照这种审美观点、审美理想、审美标准及其所反映的美学规律，制造具有审美价值的文化产品和精神产品，为增强全民族文化自信和国家的精神文明建设服务。从这一视角审视新时代人才培养，这种马克思主义审美观对于大学生完善人格、提高审美品位具有重要意义。

美育的创造性取决于美感产生过程的创造性，提高审美能力也以创造性得到进一步发展为重要标志。美育的重要作用在于超越了主观想象和自身体验，在个体或群体付诸审美实践后产生创造美的结果。换言之，美育产生的创造性结果不能局限在人的头脑中，而是要把主观创造变为现实场景中可感知的结果，从中感悟引起心灵触动、加深思考深度的审美教育。高校开展审美教育融入生命教育的价值在于，使大学生以马克思主义中国化的美学理论为指导，基于现实生活而创作，创造美的形象、美的情境，并在审美和创造中更深刻地理解美的本质，内化马克思主义中国化美学的各种元素。

现代美育的具象性特点决定其教育方法不能是消极的灌输，也不是被动的守株待兔式的静观默察，而是在内容设计、方法实施等各方面都具有启发性、创造性的特点。美是人类社会在改造客观世界的实践中产生的。人的审美追求意味着对客观世界认知能力的提高和改造事物能力的增强，体现出较强的自由创造、自觉实现的特点。正是审美活动的这种创造性决定了美感形成的过程具有创造性，即伴随着主观产生的想象活动，在头脑中对审美对象进行主动再创造，实现情操陶冶的内化和精神境界的升华。

第三节 以奋斗之美铸教育之魂

"天行健，君子以自强不息。"（《周易·大象传》）沂蒙人民在漫长的历史进程中以自强不息的奋斗精神创造了璀璨的历史文化，为红色文化和沂蒙精神奠定了丰厚的思想文化基础，使沂蒙精神在民族之旗高扬的近百年历程中蕴蓄越来越丰富的思想内涵。

生命价值不在于索取而在于无私奉献。生命教育课程的重点应侧重使大学生树立坚定的共产主义理想信念，认识到人的生命价值不在于索取而在于无私奉献的重要意义，把个人前途命运和国家、人民的前途命运紧紧地联系起来，并以"格物致知、诚心正意"作为理想追求，努力实现人生意义和生命价值，使自己成为一个脱离低级趣味的人，做一个具有高尚道德情操的人。

一、沂蒙精神的审美特征使其具有化育效应

国家站在培养德智体美劳全面发展的社会主义建设者和接班人的战略高度，明确提出要在教育体系中加强美育的改革创新。2020 年 10 月，中共中央办公厅、国务院办公厅印发《关于全面加强和改进新时代学校美育工作的意见》指出："将学校美育作为立德树人的重要载体，坚持弘扬社会主义核心价值观，强化中华优秀传统文化、革命文化、社会主义先进文化教育，引领学生树立正确的历史观、民族观、国家观、文化观，陶冶高尚情操，塑造美好心灵，增强文化自信。"[1] 红色文化是党领导全国干部群众在革命战争、社会主义建设和改革开放进程中创造的优秀文化和伟大精神。将沂蒙精神融入审美观教育的过程，并将其进行创造性转化和创新性发展，以共产主义信仰之美、社会主义道德之美、气吞山河的激情之美、言行一致的行为之美引导大

---

[1] 《中共中央办公厅国务院办公厅印发关于全面加强和改进新时代学校美育工作的意见》。http://www.moe.gov.cn/s78/A01/s4561/jgfwzx_zcwj/202010/t20201019_495584.html，2020 年 10 月 19 日。

学生树立正确、标准、稳定的审美观，增强审美意识，提高审美能力，成为专业水平和综合素质齐头并进的优秀人才。

沂蒙精神信仰之美筑牢大学理想信念之本。中国共产党诞生时就把为中国人民谋幸福、为中华民族谋复兴作为使命担当，以不改初衷之心激励广大党员、有识之士为民族独立、人民解放、国家富强而奋斗。沂蒙地区干部群众就是在这种初心和使命的驱使下，坚守共产主义的理想信仰、不怕牺牲和流血，以精诚为国、拼命成大业的实际行动铸就了沂蒙精神。这种生长在蒙山沂水的革命精神带有鲜明的红色基因、饱含崇高的信仰之美、人性之美，也承载齐鲁大地儿女内心的民族自豪感和坚定信念。沂蒙人民用英雄虎胆写下一页页光耀天地的史诗，"泺口九烈士"刑场上的自信从容，"九子峰"战斗中八路军战士在枪林弹雨中的英勇不屈，"沂蒙六姐妹"手挽手、肩并肩为解放军过河搭起"妇女人桥"的壮举等，都显示了中华民族历史车轮滚滚向前的威力。充分挖掘沂蒙精神中信仰美的元素，引领、陶育大学生筑牢理想信念这个精神支柱，有利于他们对生活中、社会上的各种现象进行更深层次的分析、判断，对于流行的各种文化思潮不盲目地信服、跟风，在面对美与丑、是与非的关键时刻做出正确的选择，强化全面建成社会主义现代化强国的信心、决心以及不改初心的执念。

沂蒙精神继承齐鲁大地传统文化精华所展现出的道德精神、情操之美，蕴藏无比丰富的思想道德教育、意志品格教育资源，凝结和反映革命斗争、社会主义建设、改革开放精英人物的先进事迹和巨大影响力，对于大学生树立正确的人生观、构建符合时代要求的道德观具有重要的推动、提升作用。

二、沂蒙精神融入审美观教育的可行路径

依托沂蒙精神蕴藏的道德美的丰富性和自身表现形式的多元化特点，设计出理论与实践相结合的教学方法并将其融入大学生审美观教育，能够有效弥补思想道德教育重理论轻形式、内容生硬枯燥的不足之处。

"道虽迩，不行不至；事虽小，不为不成。"（《荀子·修身》）以沂蒙精神

行动美培育大学生的优良作风，个体在社会生活中，无论有怎样的高见、说得多么好听，都不如俯下身来"撸起袖子加油干"。高校美育倡导、秉承"最美"精神，从身边的"最美大学生"中挖掘典型榜样的行为特征，使大学生拿出干劲、彰显担当，以自身行动美诠释人性大美，以自身价值印证生命价值，在社会主义现代化强国建设的征途中建功立业。从 2008 年开始，各省市根据党和国家的指示实施高校毕业生到农村任职工程，大学生"村官"由政府发文、从专科以上学历的应届或往届毕业生中进行筛选，鼓励优秀毕业生到农村（社区）担任村党支部书记或村委会主任职务。一批又一批的大学生村官从高校返乡或从城市来到乡村，担负起脱贫攻坚和乡村产业振兴的重任，他们勤勤恳恳、兢兢业业，谱写了无私奉献、一心为国的青春颂歌。一方面，通过举办"请进来"的典型事迹报告会、组织大学生观看影像资料；另一方面，也要积极地"走出去"，通过文明实践下乡等活动让大学生走进这些先进典型、模范人物。

开拓红色文化内涵，谱写行动美教育真谛。位于临沂市临沭县曹庄镇的朱村是八路军滨海四团三营八连战斗过的地方。在日寇进行大扫荡时，八连指战员英勇拼杀，激战六小时，打退了敌人的多次围攻。1944 年 8 月，在山东省军区战斗英模大会上，政治部主任肖华代表山东军区正式命名八连为"钢八连"，授予连长鄢思甲"战斗英雄"称号。2013 年习近平总书记在山东考察时，专门来到朱村看望支前老人，留下了让老区人过上好日子的殷切嘱托。① 王洋认为沂蒙红色文化是村中的宝贵财富，要充分挖掘出来增加红色旅游产业，扩建村中埋有 24 位烈士忠骨的抗日纪念馆。她的想法得到了临沂市党政部门的支持，但是村民不想离开住了几十年的老宅，对拆迁有所顾虑。王洋面向朱村居民阐释了开办红色旅游的重要意义和时代价值，90 多岁的支前老人王克昌带头拆迁，工程如期完成。建成的新馆占地面积 2400 平方米，分为朱村抗日战斗纪念馆、朱村支前文化纪念馆、朱村文化展览馆、朱村博物馆和烈士纪念园。自 2021 年 9 月开园以来，仅一年时间前来参观游览达 6

---

① 《决战决胜脱贫攻坚、新时期沂蒙扶贫六姐妹王洋：脱贫只是新生活的起点》。https://tv.cctv.com/2020/09/18/VIDEgHsUqfdhXxECtGWGZVza200918.shtml，2020 年 9 月 18 日。

万人之多。大学生村官王洋用自己的前卫意识和超强行动力，在美丽乡村建设中创造了文化美和快乐美，在火热的青春中放飞人生梦想，在拼搏的青春中成就事业华章，因此成为大学生就业的典范，也成为媒体关注的事业成功者，超越性精神生命的价值含量远远超出了普通大学生大学毕业生，也完好地诠释了人生在于奉献的行动美的内蕴。

向具有开拓美、实干精神的"草根英雄"学习。全国各地大学生群体中具有开拓美和实干精神的典型可以说不可胜数。高校审美教育的重要一步就是引导大学生认识、发现、学习将知识和人性美集于一身的典型人物，以他们的行为和经验激发自身在社会生活中实践人性美的内蕴。大学毕业回乡的刘雁滨现任代村国家农业公园企划设计师，他带领 100 多位大学生创建了现代化"植物工厂"，将立体化种植模式、无土栽培、光伏、物联网、人工智能等现代科技纳入总体设计，秉持"干，就干在创新；活，就活出精彩"的理念，闯出了父辈没有走过的新路。充分发挥沂蒙精神道德美的哺育、化育功能。新时代"沂蒙扶贫六姐妹中"的"80 后"牛庆花，与解放战争中"沂蒙六姐妹中"的伊淑英同为蒙阴县野店镇人，红色文化的传承使二人接受了沂蒙精神的隔代"直传"，牛庆花成为来自沂蒙地区的全国优秀女性的代表。她 2020 年被评为全国劳动模范，2022 年北京冬奥会火炬手。高校利用社会环境、人文环境的优势，在生命教育充分发挥沂蒙精神道德美的哺育、化育功能，发挥精英人物、时代楷模潜移默化的影响作用，用他们人生征途中蕴含的高尚人格力量感染、感召大学生的心灵，使他们通过这种具有地域特色的道德美的浸润和熏陶，提高思想道德素质及个体精神文明的水平，使他们在步入社会时具备为社会精神文明的发展提供精神力量和道德滋养的较强能力。

历史和现实都充分证明自强不息、攻坚克难是沂蒙精神的重要标志，沂蒙干部群众也正是因为经受了血与火的考验才铸成以红色文化为基底的拼命苦干的优良作风。新时代沂蒙青年把改革创新、敢为人先的先进思想意识融入自身的血脉，涌现出许多像王洋、刘雁滨一样的优秀青年，以不安于现状、不墨守成规的个性品质，敢于走前人没走过的路，干出了一番了不起的事业。高校审美观教育要精心挖掘沂蒙青年体现行动美、个性美的经典案例，引领大学生汲取这些青年踏实肯干、求真务实的优良作风，成为行动美、个性美、人生美的时代奋斗者。

第四节　文学艺术作品产生审美观教育更强作用力

每一部展现沂蒙精神的经典电影、电视、戏剧和纪实作品都承载着沂蒙干部群众的人生观和价值观，体现着沂蒙传统文化精神品格，更反映了沂蒙人民崇尚爱国主义和正义感的审美追求。这些作品思想性、艺术性不仅达到了和谐统一，更兼具深厚的美学内涵，集中体现马克思主义的审美观教育的要素。

通过沂蒙地域性红色文化资源，提高大学生道德审美境界。高校依托沂蒙精神的地域性红色文化资源，开发红色文学艺术作品的教育功能，同党团组织和学生社团共同打造校园沂蒙精神传播品牌，引领、化育学生的审美情趣、涵育审美修养、培育审美情怀，在时时都有沂蒙文化、处处都有沂蒙精神氛围中学会明确美丑、辨别是非与善恶，使自身精神生命达到唯美、乐善的境界。

书籍和影视剧作品产生直击心灵的影响力。著名作家刘知侠在1960年，根据哑女明德英救助八路军战士的感人事迹创作了短篇小说《红嫂》，从文学形象的视角第一次提出了"红嫂"这一称谓，也使心地善良、爱恨分明的女子明德英被称作"沂蒙红嫂第一人"。后来，明德英的故事被编入京剧《红云岗》、舞剧《沂蒙颂》，1997年由广西电影制片厂拍成电影《红嫂》；由王坪执导的红色电影《沂蒙六姐妹》2009年9月在全国上映后，荣获中国电影华表奖及金鸡百花电影节、长春电影节等多个电影节奖项；由管虎执导电视剧《沂蒙》2009年11月在中央电视台播出后，荣获中国电视金鹰奖优秀电视剧、飞天奖电视剧一等奖和优秀导演奖、优秀编剧奖等多种奖项。几十年，来山东及全国各地出版社出版的反映沂蒙精神书籍涉及的内容种类丰富，例如《沂蒙抗日战争史》（中国文史出版社，1991 年出版）、《沂蒙解放战争史》（解放军出版社，1992 年出版）、《临沂革命斗争史稿》（山东人民出版社，1991 年出版）等书籍非常详细地讲述了革命战争时期老一辈革命家、八路军和解放军将士及沂蒙群众的战斗故事。

文学艺术作品的超功利性质，能产生较强的共情心理。文学艺术作品因具有超越功利意识的精神指向、强烈的情感代入等特征，容易使沂蒙精神的传承在大学生心中产生活化作用，更能唤起他们建设社会主义现代化强国的伟大精神力量。沂蒙精神推动高校审美教育价值的多学科、多向度的植入，具有多维性、功能强的教育效果。因此，必须将沂蒙精神所具有的多维价值转化为一种现实能量融入大学生审美观教育、人生观教育，高校应在沂蒙精神传承、弘扬过程中应该积极探索、勇于创新并完美完成这个重大的教育命题。

综上所述，求索、奋斗、创新精神是文明进步的永恒需要。特别是革命先烈们为革命事业鞠躬尽瘁、死而后已的献身精神，为社会主义建设时期的沂蒙人树立了楷模和榜样。在战争时上前线打仗能英勇杀敌、不怕流血牺牲，群众在后方搞生产能吃苦耐劳、完成生产任务，在决胜战役中广大群众排除万难支援前线、救助伤员。党员干部、人民军队指战员自觉地把为人民服务的宗旨落实到实际行动上，扎扎实实地做好本职工作，从不计较个人利益的得失。沂蒙老区在党的领导下把为人民服务塑造成了良好的社会风尚，使干部群众无不以这种精神作为社会主义建设的重要心灵支撑。挖掘沂蒙精神内涵进行自强不息、艰苦奋斗精神教育，就是让学生懂得沂蒙老区人民如何在披荆斩棘中一步步从苦难走向胜利、如何在艰苦奋斗中获得更大成功的精神力量。

只有每一位新时代大学生在专业学习上投入顽强的意志力，以"钉钉子精神"的韧劲刻苦努力，掌握更多学科前沿知识，锤炼为人民服务的本领，并且努力学习马列主义的基本原理，提高自己的思想道德素质，时时处处以先进模范、英雄人物和时代精英为榜样，实现知识能力和人文素质的全面提高，才能抵御社会不良风气和错误思潮的影响，敢于同社会上的不良现象、违法乱纪行为作坚决的斗争，厚植爱党、爱国、爱人民的情感。高校在生命教育中强化沂蒙红色基因教育，引导大学生坚定理想信念，自觉地将沂蒙精神发扬光大，社会主义现代化强国中的各行各业也将会得到蓬勃发展。

参考文献

一、著作

[1] 冯建军:《生命化教育》,教育科学出版社,2007。

[2] 刘铁芳:《生命与教化》,湖南大学出版社,2004。

[3] 郑晓江:《生命教育》,开明出版社,2012。

[4] 韩延明:《红色文化与社会主义核心价值体系建设研究》,人民出版社,2013。

[5] 马克思、恩格斯:《马克思恩格斯文集》(第1卷),人民出版社,2009。

[6] 汲广运、王厚香:《沂蒙精神地域文化渊源研究》,山东人民出版社,2017。

[7] 徐东升、孙海英主编:《沂蒙精神大学生读本》,山东人民出版社,2016。

[8] 王玉秋:《大学科研评价全景考察与范式转换》,知识产权出版社,2019。

[9] 褚惠萍:《大学生生命教育的理论与实践》,南京师范大学出版社,2015。

[10] 宋玉良主编:《沂蒙文化》,山东教育出版社,2014。

[11] 崔维志、唐秀娥:《沂蒙解放战争史》,解放军出版社,1992。

[12] 中共临沂市委史料征集研究委员会编:《临沂革命斗争史稿》,山东人民出版社,1991。

[13] 魏本权、汲广运:《沂蒙红色文化资源研究》,山东人民出版社,2014。

[14] 王厚香、汲广运:《沂蒙文化若干专题研究》,山东人民出版社,2016。

[15] 陈锡喜:《马克思主义:意识形态和话语体系》,华东师范大学出版社,2011。

[16] 郭文明、刘玉鹏:《临沂文史集粹》(第一册),山东人民出版社,1997。

[17] 临沂市地方史志编委《临沂地区志（下)》，中华书局，2001。

[18] 申春生：《山东抗日根据地史》，山东大学出版社，1993。

[19] 穆敏：《山东抗日根据地的文化》，中共党史出版社，2005。

[20] 王佩芝、王冠卿：《沂蒙革命斗争史略》，广西人民出版社，1992。

[21] 叶华松：《大学生生命教育》，浙江大学出版社，2011。

[22] 张立梅：《毛泽东领导方法及其时代价值研究》，人民出版社，2020。

[23] 徐东升、汲广运：《沂蒙精神研究》，山东人民出版社，2017。

[24] 孟宪海、王志民：《临沂文化通览》，山东人民出版社，2012。

[25] 胡秀俊、刘冉冉：《沂蒙精神育人模式构建与推广策略研究》，吉林大学出版社，2021。

[26] 徐东升、李婧、薛舒文：《新时代沂蒙红色文化传承与弘扬研究》，九州出版社，2023。

二、期刊

[1] 叶澜：《让课堂焕发出生命活力：论中小学教学改革的深化》，《教育研究》1997 年第 9 期。

[2] 孙海英：《沂蒙精神融入大学生文化自信教育的路径选择》，《临沂大学学报》2018 年第 5 期。

[3] 薄存旭：《儒家视阈下现代生命教育的实施路径》，《山东社会科学》2011 年第 2 期。

[4] 赖雪芬：《在大学生中开展生命教育的途径》，《教育评论》2005 年第 1 期。

[5] 孙乐涛：《从技术的角度看历史——黄仁宇"大历史"观述评》，《湘潭大学社会科学学报》2003 年第 1 期.

[6] 韩延明：《论现代社会生命教育面临的难题及对策》，《山东社会科学》2011 年第 2 期。

[7] 王铭：《基于课程思政的大学生生命教育有效路径探究》，《高教学刊》2020 年第 33 期。

[8] 张逸佳：《儒家生命质量观与中小学生命教育的创新路径》，《教育科学论坛》2020 年第 16 期。

[9] 刘寿礼：《苏区"红色文化"对中华民族精神的丰富和发展研究》，《求实》2004 年第 7 期。

[10] 张洪高、刘学军、刘玉军、赵万奎：《沂蒙精神进中小学的困境、致因及突破》，《当代教育科学》2020 年第 5 期。

[11] 张伟、张茂聪：《我国高校一流大学建设的校际经验：基于 6 所高校一流大学建设方案的文本分析》，《中国高教研究》2018 年第 5 期。

[12] 赵妍、郜思佳：《高校生命教育现状和有效途径探析》，《长江丛刊》2020 年第 21 期。

[13] 赵金霞、李振：《亲子依恋与农村留守青少年焦虑的关系：教师支持的保护作用》，《心理发展与教育》2017 年第 3 期。

[14] 周莹：《贫困大学生心理精准帮扶模型建构：基于社会支持和情绪调节的链式中介效应》，《山东社会科学》2019 年第 6 期。

[15] 孙耀胜、李晓雨：《儒家生命观融入高校生命教育研究》，《广西社会科学》2018 年第 9 期。

[16] 李中国、黎兴成：《职业教育扶贫机制优化研究》，《国家教育行政学院学报》2017 年第 12 期。

[17] 李诗原：《红色音乐研究的学科理论与问题框架：音乐学术研究的反思与探讨（四）》，《音乐研究》2020 年第 2 期。

[18] 肖桂彬、张清华、韩霖：《沂蒙革命历史歌曲研究》，《当代音乐》2020 年第 10 期。

[19] 李喆：《贯彻落实习近平总书记重要讲话 结合新的时代条件发扬光大沂蒙精神：纪念习近平总书记沂蒙精神讲话两周年》，《临沂大学学报》2015 年第 6 期。

三、论文

庄乾筱：《山东抗日根据地及解放区的文艺团体梳理研究》，硕士学位论文，山东艺术学院，2016。

四、其他

[1] 习近平:《青年要自觉践行社会主义核心价值观：在北京大学师生座谈会上的讲话》，2014 年 5 月 5 日。

[2] 习近平:《在庆祝中国共产主义青年团成立 100 周年大会上的讲话》，2022 年 6 月 9 日。